Longman
Audio-Visual French
Stage A5

S. Moore BA
A. L. Antrobus MA
G. F. Pugh MA

Linguistic consultant
Max Bellancourt L ès L, DES

Longman

Longman Group Limited
London

Associated companies,
branches and representatives
throughout the world

© Longman Group Limited 1970

All rights reserved. No part of this
publication may be reproduced, stored
in a retrieval system, or transmitted in
any form or by any means, electronic,
mechanical, photocopying, recording,
or otherwise, without the prior
permission of the Copyright owner.

First published 1970
Fifth impression 1977

ISBN 0 582 36044 7

Set in Monophoto Baskerville
Printed in Hong Kong by
Sheck Wah Tong Printing Press

Foreword

Longman Audio-Visual French is a complete and integrated course for secondary schools, covering four or five years' work to 'O' Level or CSE standard. There are alternative versions after Stage 2.

Stage A5 follows Stages 1, 2, A3 and A4; it is the final stage, leading to 'O' Level. For those pupils who will take CSE, the alternative 5th year version, B4, is recommended.

In Stage A5, constructions necessary for 'O' Level are revised and practised in context, by varied drills, exercises and activities. There is a comprehensive grammar summary. Common words and phrases are used actively and revised in topic vocabularies. Passages from French authors are used as a basis for comprehension. There are compositions of varied types, including a large number of short compositions with detailed guidance. Common conversational topics are reintroduced and practised in everyday situations.

Examination practice is provided, both by exercises related to the topics of the teaching units, and by examples of past examination questions.

Stage A5 is accompanied by ten long-play tapes recorded at $3\frac{3}{4}$ i.p.s.; these contain recordings, made by native speakers, of the introductions, narratives, conversations and structural drills (of which many are contextualised) for use in language laboratory and classroom.

For the exploitation of the material contained in the Pupil's Book and tapes it is essential to use the Teacher's Book, which includes the texts of drills, picture and aural compositions, as well as detailed notes and suggestions on the use of the course and the revision of past work.

S.M.   A.L.A.   G.F.P.

Acknowledgements

We are grateful to the following for permission to reproduce copyright material.

Associated Examining Board for extracts from the 1968 'O' Level G.C.E. French Paper; Editions Denoël for 'Le Bricoleur' by Georges Brassens; Librairie Ernest Flammarion for an extract from *Poil de Carotte* by Jules Renard; Editions Gallimard for extracts from *Paroles* by Jacques Prévert, and *Enquête sur la Jeunesse* by Fouchard and Davranche; Joint Matriculation Board for extracts from the 1965, 1967 and 1968 French 'O' Level Papers; René Julliard éditeur for extracts from *Un Certain Sourire* and *Bonjour Tristesse*, both by Françoise Sagan, and an extract 'Une livraison dangereuse' from *Le Salaire de la Peur* by Georges Arnaud; the proprietors of *Le Figaro* for an extract from 'Un endroit tranquille' by Jean Fourastié from *Le Figaro* issue dated 9th August 1968, and for an extract from 'Vers une licence de plonge' by Philippe Bouvard from *Le Figaro* issue dated 7th August 1968; Editions des Deux Coqs d'Or for an extract from Le Petit Guide *Savoir Vivre* by Françoise de Raucourt; Oxford Delegacy of Local Examinations for extracts from the 1968 and 1969 'O' Level G.C.E. French Papers; Oxford and Cambridge Schools Examination Board for extracts from the 1968 and 1969 'O' Level G.C.E. French Papers; author for an extract from *La Gloire de mon Père* by Marcel Pagnol, Copyright 1957 Marcel Pagnol; Librairie Plon for an extract from *La gerbe d'or* by Henri Béraud, and an extract from *Comment vivre avec ou sans Sonia* by Pierre Daninos; Southern Universities Joint Board for an extract from the November 1967 'O' Level G.C.E. French Paper; University of Cambridge Local Examinations Syndicate for extracts from the 1968 'O' Level G.C.E. French Paper; Welsh Joint Education Committee for extracts from the 1967 and 1968 'O' Level G.C.E. French Papers.

We have been unable to trace the copyright holder of *Demoiselles de magasin* by Emmanuel Bourcier, and would appreciate any information which would enable us to do so.

PHOTOGRAPHS

p. 14 (3) Henry Grant; (1) Meli Walder; (1) French Government Tourist Office; p. 15 Documentation Française (Simca); p. 16 (3) Documentation Française; pp. 18 and 19 (4) British Film Institute; (1) The Trustees of the Science Museum; (1) Kodak Limited; Mansell Collection; Radio Times Hulton Picture Library; (3) Gala Films; (1) Supreme Pictures; p. 22 Documentation Française; p. 23 Documentation Française (Universal Photo); p. 30 Keystone; pp. 33 and 34 Connoisseur Films; p. 37 Rapho; p. 37 (7) Documentation Française (TAM; Allard; SNCF; Gendarmerie Nationale; Compagnie Générale Transatlantique; Commissariat au Tourisme); (3) Roger-Viollet; (1) Société Bertin; (1) Air France; pp. 40 and 41 (2) Radio Times Hulton Picture Library; (2) Mansell Collection; p. 42 Roger-Viollet; p. 44 Documentation Française (J de Stael); p. 46 Documentation Française (Au Printemps); p. 53 Rosemary Davidson; p. 54 Renault Ltd; p. 59 Paul Popper; p. 60 Camera Press; p. 61 (*top left*) Roger-Viollet; (*top right*) Citroën; (*middle*) Peugeot; Cady Limited; p. 64 Documentation Française; p. 65 Rapho; p. 76 PIEM; p. 84 (*top right*) French Government Tourist Office; (*left*) (3) French Government Tourist Office; Syndicat d'Initiative, Grenoble; (*middle*) Photo Press, Grenoble; p. 85 (*top left*) London Express News; (*middle*) Camera Press; p. 90 French Embassy; Documentation Française (Universal Photo); p. 99 French Government Tourist Office; Alcoverro Ltd.; London Express News; p. 101 Documentation Française (Universal Photo); Colombia Pictures; p. 102 20th Century Fox; pp. 106 and 107 SPADEM; Athena Reproductions Ltd.; (2) Photo Desoye; (3) Mansell Collection; (2) Photo Desoye; Radio Times Hulton Picture Library; p. 108 Henry Grant; p. 110 French Government Tourist Office.

We are grateful to Blondel de la Rougéry for permission to reproduce the map on p. 26, and to the Centre d'Action pour la Propreté de Paris for permission to reproduce the cartoons on p. 62.

DRAWINGS
William Burnard and Kathleen Dowding

DESIGN
Gillian Riley

The authors wish to express their deep gratitude to the many people who have helped in the preparation and production of this course, and in particular to their wives and to their publisher, Rosemary Davidson.

Table des matières

1. LA BANDE A TOUT FAIRE — 8
   Au travail! — 12
   Enquête sur la jeunesse
     G. Fouchard et M. Davranche — 15
   Project topic: LE CINEMA FRANÇAIS — 18

2. LES PREMIERS PAS — 20
   Le bricoleur
     Georges Brassens — 23
   Philippe demande son chemin — 26

3. LES LIVREURS — 30
   Le salaire de la peur
     Georges Arnaud — 33
   Composition: — 36
     Les contrebandiers
   La visite des bagages à la douane — 37
   Project topic: LE SIEGE DE PARIS — 40

4. DERNIER CRI — 42
   Un grand magasin
     Emmanuel Bourcier — 46
   Problèmes — 47
   Argent de poche — 48

5. ENCORE UNE VOITURE — 52
   Composition:
     L'alcooltest — 54
   Une voiture d'occasion
     Pierre Daninos — 55
   Magazine:
     JEUNE AUTOMOBILISTE — 59

6. LES ENQUETEURS — 64
   Familiale *Jacques Prévert* — 68
   La société de l'avenir
     G. Fouchard et M. Davranche — 69
   Le nouveau restaurant — 70
   Composition:
     La chasse aux voleurs — 72

7. LES BONNES A TOUT FAIRE — 74
   Déjeuner du matin
     Jacques Prévert — 78
   Pour être comme il faut
     Françoise de Raucourt — 79
   Composition:
     La surprise-partie — 82
   Project topic: GRENOBLE — 84

8. LES JUMEAUX TERRIBLES — 86
   Souvenirs d'enfance
     Jules Renard — 90
   Le petit Marcel fait sa toilette
     Marcel Pagnol — 91
   Composition: L'enlèvement — 92
   Le tour du monde — 94

9. AU SYNDICAT D'INITIATIVE — 96
   Correspondance — 100
   Deux scènes de plage
     Françoise Sagan — 101
   Composition:
     Echange n'est pas vol — 104
   Project topic: LA BELLE EPOQUE — 106

10. ON RETAPE LA VIEILLE MAISON — 108
    La vie de campagne
      Marcel Pagnol — 112
    Un endroit tranquille
      Jean Fourastié — 113
    L'agence de voyages — 114
    Composition: Au secours — 116

Grammar summary — 118
Index of grammar summary — 133
Verb tables — 134
French–English vocabulary — 138

La Bande à Tout Faire   1

A Paris il fait un sale temps; une pluie froide tombe sur la ville, mais dans un coin pittoresque de la Rive Gauche, on se croirait en plein été. Là, un petit café-restaurant, à demi-caché dans une rue étroite, invite le passant à entrer. Dehors, des géraniums en pots, alignés contre une muraille blanchie, donnent un peu l'impression qu'on est dans un village du Midi.

Une odeur appétissante de cuisine bourgeoise remplit l'air. Les clients ont commencé à arriver pour prendre le repas du soir, ou simplement pour déguster un café. Ce sont surtout les jeunes du quartier, car, depuis l'arrivée, il y a quelques semaines, du nouveau propriétaire, Paul Féraud, et de sa femme, Marie-Claire, le Relais du Midi est devenu le rendez-vous des étudiants, des lycéens et des jeunes ouvriers et apprentis du voisinage.

Les Féraud, eux aussi, sont jeunes; en ouvrant leur café-restaurant ils ont essayé de créer un club pour leurs amis. C'est Paul qui fait la cuisine, et c'est Marie-Claire qui sert à table. Le restaurant est très petit; il n'y a que six tables et quelques banquettes. La cuisine n'est séparée de la salle à manger que par un comptoir, et les Féraud ont l'habitude de prendre part aux conversations de la clientèle. L'atmosphère est très sympathique, et, en cas de crise, les clients sont accoutumés à faire la vaisselle ou à éplucher les légumes.

D'habitude, c'est le vieux Jules, un ancien marin breton, qui fait la vaisselle, et c'est sa femme qui s'occupe du ménage. Ils s'amusent tous les deux à écouter les conversations des jeunes.

Quelquefois un étudiant étranger arrive, la guitare au dos; il espère gagner de quoi payer le prix de son repas en chantant une chanson populaire.

1. Pourquoi se croirait-on dans un village du Midi?
2. Est-ce que Paul Féraud est propriétaire du Relais du Midi depuis longtemps?
3. Qui sont les clients du Relais du Midi?
4. Qui fait le ménage chez les Féraud?
5. Pourquoi l'étudiant étranger chante-t-il?

Conversations

1

A. *11 heures du soir passées. La plupart des clients sont déjà partis, mais à une table, près du comptoir, quatre jeunes gens sont toujours là. Ils dégustent une tasse de café. Paul et Marie-Claire sont assis à côté d'eux. Il y a deux jeunes filles, Françoise et Sylvie, et deux garçons, Guy et Jean-Luc. Comme d'habitude, c'est Françoise qui parle.*

FRANÇOISE	Je déteste travailler dans cette agence de publicité. C'est tellement ennuyeux.
JEAN-LUC	Mais qu'est-ce que tu aimerais mieux faire, ma petite Françoise? Tu as un bon salaire; tu n'as plus d'examens à craindre, comme nous autres étudiants. A six heures du soir tu es libre de faire tout ce que tu veux – pas de livres à lire, sauf ceux que tu choisis toi-même; rien à écrire, sauf des lettres...
FRANÇOISE	Mais c'est toujours la même chose – des coups de téléphone, des clients à recevoir, des films de publicité à voir – et tout ça pour vendre un peu plus de savon ou un peu plus de café!
JEAN-LUC	Tout de même, moi je t'envie. Tu fais la connaissance de beaucoup de gens intéressants, tu as l'occasion de voyager – et surtout tu n'as pas d'ennuis financiers!
SYLVIE	C'est vrai, Françoise. Quand on est étudiant, on est complètement fauché, la plupart du temps.
GUY	D'ailleurs, à mon avis, il vaut mieux se débrouiller seul que de demander de l'argent aux parents.
FRANÇOISE	Tu ne vas pas me dire qu'il est impossible de gagner de l'argent en travaillant pendant les vacances, le weekend ou le soir?
GUY	Non; mais il faut pouvoir trouver un emploi. Tu sais, il y a des milliers d'étudiants – et pas mal de lycéens – qui ont tous envie de gagner un peu d'argent.
FRANÇOISE	Mais est-ce qu'il n'existe pas des agences de placement?
JEAN-LUC	Si, il en existe, bien sûr; mais elles s'occupent surtout des emplois fixes, et les droits d'inscription sont trop élevés.
SYLVIE	Si on veut trouver un emploi, il faut tout simplement se débrouiller seul.

Modèles

A

| l'étudiant allemand
Guy
Jean-Luc | gagne | le prix de son repas
un peu d'argent
cent francs par semaine | en | chantant une chanson populaire
jouant de la guitare
travaillant le dimanche
faisant la vaisselle
donnant des leçons d'allemand
épluchant les pommes de terre |

B

| c'est | Paul
Jules
l'ancien marin
Marie-Claire | qui | fait | la cuisine
la vaisselle
le ménage
la lessive
le jardin |

9

B.

FRANÇOISE — Dites donc, il ne serait pas difficile de fonder une agence. Pensez aux milliers de gens qui ont besoin des services d'un étudiant pour garder les enfants, pour laver leur auto, pour faire le ménage ou la vaisselle. A présent, ils n'ont pas les moyens de se mettre en rapport avec les étudiants qui sont prêts à faire ce genre de travail.

GUY — Ça alors, quelle bonne idée! Françoise, tu t'y connais en publicité, et nous autres, nous connaissons des dizaines d'étudiants. Pourquoi ne pas commencer tout de suite?

JEAN-LUC — Un instant, mon cher. Il y a toutes sortes de difficultés. Par exemple, on aura besoin d'argent pour la publicité.

FRANÇOISE — Oh, pour l'argent, c'est simple. Tous ceux qui s'inscrivent devront nous payer une petite somme.

JEAN-LUC — Qu'est-ce que nous pouvons proposer aux clients? Si, par exemple, quelqu'un a besoin d'un mécanicien, est-ce qu'on essayera d'en trouver un?

FRANÇOISE — D'abord, on n'offrira de faire que des travaux non-spécialisés, mais, plus tard, il sera peut-être possible d'utiliser les aptitudes professionnelles d'un apprenti ou d'un garçon qui a son C.A.P., mais qui doit attendre d'avoir fait son service militaire pour trouver un emploi fixe.

JEAN-LUC — Et où est-ce que tu vas t'installer? Où est ton bureau... ton téléphone?

FRANÇOISE — Euh, il faut que j'y réfléchisse; mais je suis sûre que nous trouverons quelque chose sans trop de peine.

PAUL — Ecoutez, j'ai une idée. Il y a, à côté du café, une petite cour où nous n'avons pas eu le temps de mettre de l'ordre.

MARIE-CLAIRE — Ah, cette cour! Nous ne réussirons jamais à nous débarrasser de tous les débris qu'on y a jetés.

PAUL — Eh bien, derrière cette cour il y a une grande pièce. Comme premier 'job', je vous propose le nettoyage de la cour, que je veux aménager en jardin-terrasse. Au lieu de vous payer, je vous permettrai de vous servir de la pièce comme bureau.

Modèles

C

Marie-Claire le patron Jules	a l'habitude de	prendre part aux conversations des clients parler avec les jeunes du quartier déguster un café-crème passer une heure à bavarder

D

nous avons	envie	de	gagner un peu d'argent prendre part au nouveau projet nous inscrire à la Bande à Tout Faire
	besoin	(d')	argent un agent de police une voiture
	le droit		nous servir du téléphone nous reposer un peu déjeuner au restaurant de l'université
	l'intention		travailler gagner mille francs voyager à l'étranger

C. GUY　Chic alors, nous sommes tous d'accord, n'est-ce pas, les copains?
JEAN-LUC　Un instant, Guy. L'affaire n'est pas encore réglée. Nous aurons besoin d'un téléphone et d'une voiture. Où est-ce que tu vas les trouver, mon cher?
PAUL　Vous aurez le droit d'utiliser mon téléphone, et, si vous promettez de l'entretenir, de vous servir de ma camionnette...
MARIE-CLAIRE　– qui, à vrai dire, ne marche pas en ce moment.
GUY　Ça ne fait rien. Moi, je m'y connais en moteurs; je pourrai la dépanner.
JEAN-LUC　Attendez, attendez. Je ne suis pas encore convaincu. Françoise, tu as l'intention de t'intéresser à ce projet. Mais tu as déjà un métier.
FRANÇOISE　Un métier qui m'ennuie horriblement. D'ailleurs, tu sais que c'est mon père qui dirige l'agence. Je vais lui dire que j'en ai marre, et que je veux essayer quelque chose d'autre. Si ça ne marche pas, après trois mois, je pourrai facilement reprendre mon travail à l'agence.
GUY　Tu vois, Jean-Luc, maintenant il n'y a plus de difficultés. Tu es convaincu?
JEAN-LUC　Pas tout à fait, mais je suis d'accord pour commencer.
FRANÇOISE　Formidable! Demain nous nous mettons au travail.
PAUL　Et maintenant, buvons au nouveau projet! Je vous offre une bouteille.
MARIE-CLAIRE　Et moi, je vous propose un nom : la Bande à Tout Faire!
TOUS　A la Bande à Tout Faire!

Modèles

E

Françoise Guy Sylvie	s'y connaît en	publicité moteurs films sciences photographie littérature

F

il faut que	j'y réfléchisse vous promettiez d'entretenir la camionnette nous partions tout de suite tu sois sage tu prennes soin tu fasses attention à ce que je dis

Au travail ! 1

Le lendemain, samedi, les quatre amis se mirent au travail. D'abord, il fallait mettre un peu d'ordre dans la grande pièce donnant sur la cour. Là, ils trouvèrent des tas de boîtes, de bouteilles, de vieux journaux et de magazines, des chaises cassées, enfin tout ce qu'on se serait attendu à trouver dans un grenier ou un sous-sol où personne n'était entré depuis vingt ans, sauf pour y jeter quelque objet usé et inutile.

Les copains mirent de côté les chaises et d'autres meubles couverts de poussière, qui étaient dans un état indescriptible. Les deux filles, en blue-jeans et pullover, un foulard sur les cheveux, se chargèrent du nettoyage, tandis que Guy et Jean-Luc portaient les débris aux poubelles.

Après quatre heures d'un travail acharné, Françoise annonça qu'ils avaient le droit de déjeuner, car ils avaient réussi à enlever la poussière et à débarrasser la pièce des objets sans valeur. Tout en déjeunant gaiement, aux frais de Paul, ils discutèrent le programme de l'après-midi.

De retour au nouveau bureau, Françoise s'assit sur une chaise assez confortable, derrière la seule table qui gardait ses quatre pieds. Sylvie s'étendit sur un vieux divan second Empire, avec un air de grande vedette. Guy monta à une échelle et Jean-Luc s'adossa au mur en fumant une cigarette.

Françoise avait apporté un carnet pour prendre des notes. Elle fixa à chacun sa tâche. Ensuite elle se mit elle-même à organiser la publicité.

Exercices   1. Voici les notes de Françoise :

> SYLVIE : dresser liste des copains.
> préparer fiche pour employés.
> GUY : dresser liste des jobs et des travaux qu'une bande d'étudiants pourrait faire.
> JEAN-LUC : dresser liste des travaux exigeant aptitudes professionnelles.
> FRANÇOISE : publicité (papillons, affiches, annonce pour les journaux)
> (mon frère Michel dessinera l'affiche. Il est fort en dessin.)

Vous êtes Françoise. Qu'est-ce que vous dites à vos copains en leur expliquant ce qu'il faut faire ?

2. Maintenant, dressez vous-même les listes que les copains ont dû préparer. Par exemple : on pourrait garder les enfants.

3. Ecrivez une petite annonce à insérer dans le journal, une affiche à coller à la vitrine du café, et un papillon à distribuer aux étudiants et aux passants. Il faut expliquer ce que la Bande va faire, et essayer de trouver des étudiants et des clients. N'oubliez pas de donner les prix que la Bande a fixés pour les différents travaux.

4. Voici le texte de la fiche que Sylvie a préparée. Elle l'a tapée à la machine et Françoise l'a fait polycopier aux bureaux de son père. Pouvez-vous la remplir?

```
Nom:
Adresse:
Age:
Profession ou spécialité:
Intérêts et goûts:                    Aptitudes:
Voulez-vous travailler le soir, le weekend, pendant les
          vacances?
Combien d'heures voulez-vous travailler par semaine?
Quel genre d'emploi préférez-vous?
Pourquoi voulez-vous un emploi à temps partiel?
```

5. Maintenant écrivez une lettre à Françoise. Dites-lui que vous voulez vous inscrire à la Bande. Donnez des détails sur vous-même, sur vos aptitudes et vos préférences, et sur les raisons pour lesquelles vous voulez vous inscrire.

6. Tous ceux qui veulent participer aux activités de la Bande à Tout Faire doivent se présenter à Jean-Luc. Celui-ci pose des questions aux candidats avant de leur proposer un emploi. Voici les réponses qu'un étudiant a données. Devinez les questions de Jean-Luc.

— ?
Je m'appelle Pierre Gardet.
— ?
18, rue St-Jacques.
— ?
Oui, je suis étudiant à la Faculté des Lettres.
— ?
Je m'intéresse surtout au cinéma.
— ?
Oui, je suis membre d'un ciné-club.
— ?
Je m'y connais en photographie.

— ?
Je voudrais travailler le soir.
— ?
Je pourrais consacrer cinq ou six heures par semaine à un travail payé.
— ?
J'aimerais bien travailler dans un restaurant, comme garçon ou même comme plongeur.
— ?
Mais parce que j'ai besoin d'argent! Je suis toujours fauché.

La Bande Junior

7. Michel, le frère cadet de Françoise, a décidé de fonder sa propre Bande à Tout Faire. Lui et deux de ses copains sont entrés dans un immeuble du quartier et ont demandé aux locataires de leur donner du travail. Voici les jobs (à gauche) qu'ils ont trouvés et l'argent qu'ils ont reçu.

Mme Dupont — vaisselle — 1/2 heure — 2 Frs
M. Lebrun — Lavage d'auto — 1 heure — 3 Frs
Mme Poirot — astiquage de meubles — 2 heures — 5 Frs
M. Thibaud — il nous a chassés!

Maintenant imaginez que vous êtes Michel et que vous racontez à votre mère ce qui s'est passé.
Comment est-ce que Michel et ses amis vont dépenser l'argent qu'ils ont gagné? Est-ce qu'ils vont recommencer, à votre avis?

Voici les chefs de la Bande à Tout Faire   1

Françoise Baron
Elle est très dynamique. C'est elle qui va diriger l'entreprise. Elle a vingt ans, elle a les cheveux noirs et les yeux verts. Elle aime la musique classique, le théâtre moderne et la peinture 'pop'. Depuis deux ans, elle travaille dans l'agence de son père, mais son ambition est d'avoir un métier qui lui permette de voyager beaucoup.

Guy Colbert
Guy a vingt et un ans. Il est étudiant à l'Ecole Supérieure de l'Aéronautique. Il est grand et nerveux, toujours prêt à se lancer dans de nouvelles entreprises. Il s'intéresse surtout aux courses d'autos. Il veut se payer des leçons de vol, afin de pouvoir devenir pilote d'essai.

Sylvie Richaud
C'est une jolie blonde de dix-neuf ans. Elle a l'air un peu distrait, et a tendance à oublier ce qu'elle est en train de faire. Elle se passionne pour la poésie romantique. Sylvie se spécialise en littérature. Elle ne l'a jamais avoué à ses copains, mais elle passe beaucoup d'heures à écrire un roman, qui va avoir un succès fou – quand il sera fini.

Jean-Luc Morel
Il cultive le cynisme, ce qui ne lui va pas très bien. Il est étudiant en droit et veut faire de la politique ou peut-être de la télévision. Il s'amuse à dessiner des portraits de ses amis – et de ses ennemis.

Et le chef de la Bande Junior!

Michel Baron
Michel a douze ans. Il est lycéen, mais il ne s'intéresse pas beaucoup à ses cours. Il est toujours en train de mettre au point un nouveau projet. Sa mère a peur qu'il fasse sauter la maison, car il s'intéresse aux voyages lunaires, et il a l'intention de construire une fusée.

Un reporter qui a pris un des papillons distribués par la Bande est venu interviewer les chefs. Malheureusement il a brouillé ses notes (en bas), et il faut corriger son article avant de le faire paraître.

```
Françoise Baron,      Guy Colbert,          Sylvie Richaud,       Jean-Luc Morel est
vingt et un ans,      dix-neuf ans,         charmante             ingénieur,
se passionne pour     étudiant en droit     jeune fille aux       étudiant à l'Ecole
la poésie             s'intéresse à la      cheveux noirs         Supérieure de
romantique et la      politique et veut     est très              l'Aéronautique.
peinture classique.   entrer à la           dynamique. Elle       C'est lui qui se
Elle aime beaucoup    télévision. Il a      m'a confié son        passionne le plus
son travail à         réussi à obtenir      ambition de           pour la nouvelle
l'agence de           son certificat de     devenir peintre.      entreprise. J'ai
publicité où elle     pilote, après         Déjà, elle essaie     eu l'impression qu'il
vient de commencer.   avoir pris des        de faire de la        est un peu distrait.
                      leçons de vol.        peinture 'pop'.
```

1

Enquête sur la jeunesse

Deux chercheurs français ont fait une enquête auprès d'environ 5 000 jeunes, pour apprendre ce que pense la jeunesse de la vie qu'elle mène et de la société moderne. Voici ce qu'ils ont découvert:

Les étudiants cherchent du travail en cours d'année pour améliorer leurs conditions de vie, puis du travail en juillet, août et septembre, et même en octobre.

Les élèves, eux, cherchent à travailler une partie des vacances pour avoir un peu d'argent pour leurs loisirs. Mais nombre d'élèves commencent maintenant à chercher, eux aussi, un emploi en cours d'année, les jeudis, samedis ou le soir.

A notre questionnaire, les jeunes ont répondu en masse qu'ils préféraient travailler pour se faire de l'argent de poche, plutôt que de demander de l'argent à leur famille. Tous ne travaillent pas. Une partie d'entre eux réalisent leurs aspirations,[1] les autres n'en ont pas encore trouvé les moyens.

Voici les raisons qu'ont données quelques jeunes gens

— Je préfère travailler pendant mes vacances, parce que ça me donne beaucoup de satisfactions.
— J'apprécie beaucoup plus la valeur de l'argent que j'ai gagné et je me sens plus libre.
— J'ai ainsi le plaisir de me débrouiller seule.
— J'ai tenté l'expérience l'été dernier en travaillant de nuit dans une usine. Je crois qu'il est préférable d'occuper ainsi une partie de ses vacances à gagner de l'argent, pour pouvoir en disposer librement sans avoir à en demander aux parents. C'est que j'ai besoin de me croire indépendant.
— Comme la plupart des étudiants, je suis fauché[2] presque tout le temps, et je n'ose plus demander à mes parents de me donner de l'argent.

Mais il est très difficile de trouver une place

— Cela fait trois mois que je cherche un emploi pour le mois de juillet.
— Tout est déjà complet.[3]
— Je lis les petites annonces des grands quotidiens[4] depuis plusieurs mois, mais je n'ai, jusqu'à maintenant, rien trouvé.

Aussi incroyable que cela puisse paraître, il n'existe aucun organisme, aucun service capable de donner les conseils les plus élémentaires à ces centaines de milliers de jeunes gens et de parents, capable de les conseiller, de les préparer, capable de les mettre en garde contre les difficultés, de leur ouvrir les possibilités et de leur indiquer quelles sont les aptitudes nécessaires.

Rien. C'est le domaine de la débrouillardise,[5] des tuyaux[6] – bons ou mauvais – que l'on transmet de bouche à oreille, des petites annonces. Bruno G. a entendu dire qu'un de ses camarades a travaillé à tel endroit, il y court avant même de savoir de quel travail il s'agit.

Il fera n'importe quoi, n'importe comment et n'importe où. Il se renseignera sur toutes les astuces.[7] Ce seront ses premiers contacts avec le monde du travail. Quelle formation![8]

Il y a dix ans, un jeune pouvait choisir le travail qui lui convenait. Depuis trois ans, il n'a plus le choix, bien heureux, finalement, de trouver ce n'importe quoi...

Georges Fouchard et Maurice Davranche,
Enquête sur la jeunesse, Gallimard

Une étudiante travaille pendant ses vacances

Explication

[1] espoirs et ambitions
[2] sans argent
[3] tous les emplois sont déjà pris
[4] les journaux qui paraissent chaque jour
[5] initiative personnelle
[6] renseignements confidentiels
[7] les trucs ou moyens (de trouver un emploi)
[8] quelle préparation (pour le monde du travail)!

1. What are the differences in the types of work sought by students and schoolchildren?
2. What are the main reasons given for wanting temporary or part-time work?
3. What problems are faced by those seeking such work?
4. How is a student likely to make his first contact with the world of work?

Tout le monde n'est pas d'accord. Les étudiants et les lycéens doivent-ils travailler pour gagner de l'argent?

Pour gagner un peu d'argent, on peut garder un enfant ou travailler à la Poste.

Explication

1. faire la plonge = faire la vaisselle (dans un restaurant)
2. = *shellfish soup*
3. la côte
14. chefs, élite
4. s'occupe de la vaisselle
5. conducteur d'une voiture (e.g. d'une camionnette)
6. clients
7. moins difficiles à plaire
8. fait halte
9. le soin
10. celui dont il s'agit
11. d'été
15. étudiants en médecine
12. l'intervalle (dans les études)
13. gâter, gaspiller
16. à vous la tâche d'éplucher les pommes de terre

Et maintenant, à vous la parole. Les étudiants et les lycéens doivent-ils travailler pour gagner de l'argent?

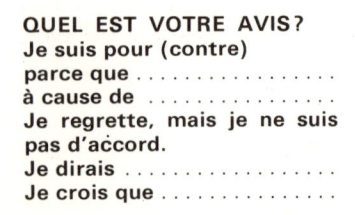

Vers Une Licence De Plonge?[1]

Si vous vous intéressez à la réforme de l'Université, vous n'avez qu'à commander un potage-bisque,[2] dans un restaurant du littoral.[3] A la première tache sur votre veston, le patron se fera un plaisir de vous expliquer que vous avez été servi par un authentique étudiant en lettres, qu'un futur pharmacien officie à la plonge[4] et que le voiturier[5] sera avocat l'année prochaine si tout va bien. Il paraît que les convives[6] sont ensuite beaucoup moins exigeants[7] et que tout le monde mange d'un meilleur cœur. Moi pas.

L'autre jour j'ai atterri[8] dans une station-service où un étudiant en quatrième année de médecine a fait mon plein et vérifié la pression de mes pneus avec la minutie[9] qu'il aurait mise à mesurer ma propre tension. Tout le monde, y compris l'intéressé,[10] avait l'air de trouver normal cette reconversion estivale.[11] Moi pas.

Est-ce que vous ne trouvez pas attristant de voir l'élite de notre jeunesse perdre ainsi son temps dans les cuisines ou les garages? Doit-on, parce qu'on entre dans la trêve[12] des vacances, galvauder[13] ses capacités intellectuelles et prendre du même coup la place de professionnels qualifiés de l'hôtellerie ou de la restauration qui auraient exigé des salaires beaucoup plus élevés?

Certains prétendront qu'on donne ainsi aux futurs cadres[14] de la nation une leçon d'humilité salutaire. Mais ne s'agit-il pas par définition d'étudiants modestes et qui n'ont pas besoin qu'on leur rappelle les difficultés matérielles de l'existence?

Il est certain que les étudiants sans fortune doivent souvent travailler l'été pour payer leurs vacances et parfois toute l'année pour gagner leur pain. Mais ne pourrait-on pas leur trouver des jobs plus en rapport avec leurs compétences et leur vocation? Pourquoi ne pas employer systématiquement les étudiants en lettres dans les cours de vacances, les carabins[15] pour donner un coup de main à la Croix-Rouge ou dans les hôpitaux de campagne, les futurs professeurs à des tâches d'interprète, de guides ou de réceptionnaires?

En juillet et en août, le brave commerçant français me fait irrésistiblement penser à l'adjudant de l'histoire:
— Vous parlez anglais?... Vous serez de corvée de pommes de terre.[16]

Le Figaro, Philippe Bouvard, 7 août 1968

ETES-VOUS... POUR OU CONTRE

QUEL EST VOTRE AVIS?
Je suis pour (contre)
parce que . . . .
à cause de . . . .
Je regrette, mais je ne suis pas d'accord.
Je dirais . . . .
Je crois que . . . .

l'étudiant ou l'élève est plus indépendant,
il peut aider ses parents,
ça l'aide à comprendre le monde du travail,
ça lui ouvre de nouveaux horizons,
ça lui permet de s'offrir des vacances et de se distraire pendant ses loisirs.

l'étudiant ou l'élève se fatigue en travaillant après les cours,
il ferait mieux de s'occuper de ses études,
il devrait passer ses heures de liberté à se reposer ou à se distraire,
il devrait profiter de ses vacances pour lire, pour voyager, pour bricoler,
ça peut empêcher un ouvrier de trouver du travail.

EXAMEN 1

1. Translate into ENGLISH

A reporter interviews a celebrity

GRENIER — Qu'y a-t-il pour votre service, monsieur?

LE REPORTER — Comme mon micro vous l'indique, je suis radio-reporter, monsieur Grenier; c'est moi qui vous ai demandé avant-hier le rendez-vous que vous m'avez fixé pour aujourd'hui. Je suis à l'heure, je crois.

GRENIER — Mais oui! J'avais oublié, en effet...

LE REPORTER — La voiture d'enregistrement est dans la rue. Si vous permettez, je vais ouvrir une seconde la fenêtre pour savoir si tout est prêt, et nous pourrons commencer tout de suite, pour ne pas vous faire perdre trop de temps.

GRENIER — Hé, mais, doucement! Je n'ai pas l'habitude des interviews et de parler ainsi au micro!

LE REPORTER — Ça ne fait rien, monsieur. Je vais vous poser des questions, vous répondrez, tout simplement.

GRENIER — Mais si je bafouille?[1]

LE REPORTER — Ça donne du naturel. Mais vous parlez très facilement et sans la moindre hésitation.

GRENIER — Oui, peut-être.

LE REPORTER — C'est une question d'habitude, vous savez! Et puis, c'est un disque qu'on enregistre. Si vous n'êtes pas satisfait, on en fera un autre.

GRENIER — Bon.

LE REPORTER — Ils sont prêts en bas. Nous pouvons commencer?... Je compte... 5, 4, 3, 2, 1, zéro. Mes chers auditeurs. Ici Philippe Grand. C'est avec moi que vous avez pris l'habitude de venir rendre visite à vos artistes préférés du cinéma, du théâtre, de la radio, ou du journalisme. Aujourd'hui je vous amène chez monsieur Jean Grenier.

Oxford and Cambridge

[1] bafouille, *fluff*

2. Read the following passage carefully, and answer the questions set on it. The answers must be entirely in English. No credit will be given for anything in French:

Trains of tomorrow

Il faut aujourd'hui presque une heure d'autobus pour aller du centre de Paris à Orly, et deux heures de train pour faire le voyage depuis Paris jusqu'à Orléans. Quelle perte de temps! Demain, les mêmes voyages se feront en dix ou vingt minutes. En auto? En avion? Non! Par le train.

Demain, les trains vont voler comme les avions. Demain, les trains les plus rapides n'auront plus de roues. A quoi servent les roues des trains et celles des autos? A porter, à tirer ou à pousser, à donner ou à garder la bonne direction. Mais les roues touchent le sol, et ni le train ni l'auto (tels qu'ils existent à présent) ne pourront jamais, à cause de cela, être aussi rapides que l'avion, même sur une route ou sur un chemin de fer d'aujourd'hui. Depuis longtemps, on fait des expériences. En 1854 déjà, un ingénieur français, Louis-Dominique Girard, a eu l'idée de poser des wagons sans roues sur un mince matelas d'eau. Depuis ce temps-là, on essaie de placer, non plus de l'eau, mais de l'air sous le wagon. L'année dernière, l'ingénieur Bertin a eu l'idée de placer un wagon sur un matelas d'air, à un centimètre seulement du sol, ou plutôt de la voie. Pour tirer, ou plutôt pour pousser le train? Un petit moteur. Et pour donner et garder la bonne direction? Un petit mur, construit en béton (*concrete*).

Le train est rapide. Il peut voler à 400 kilomètres à l'heure. Le train n'est pas dangereux, le mécanicien coupe l'arrivée d'air, et le train s'arrête! On y est bien: le train ne remue pas et il reste silencieux. De plus, il n'est pas cher: la voie de béton coûte cinq à dix fois moins qu'une voie de chemin de fer.

a) What criticism is made in this passage of present-day journeys?
b) What are the functions of wheels and what are the disadvantages?
c) Give details of the experiments made by Girard and Bertin.
d) What advantages does Bertin's invention give?

Oxford

LE CINÉMA FRANÇAIS

Après les premières expériences du dix-neuvième siècle avec des machines, ou plutôt des jouets, qui créaient l'illusion du mouvement, en utilisant une série de dessins ou de photographies disposés autour d'un disque ou d'un cylindre (le Zoëtrope et le Théâtre Optique de Reynaud) c'est Louis Lumière, chimiste lyonnais, qui mit au point, en collaboration avec son frère Auguste, le premier vrai cinématographe.

Le Zoëtrope.

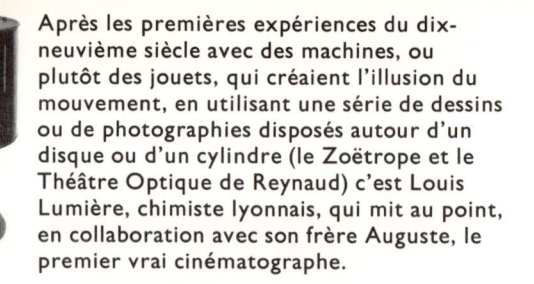

Le Théâtre Optique de Reynaud

Scène célèbre du film Lumière « Le Jardinier et le Petit Espiègle ».

Une affiche pour « Le Jardinier et le Petit Espiègle ».

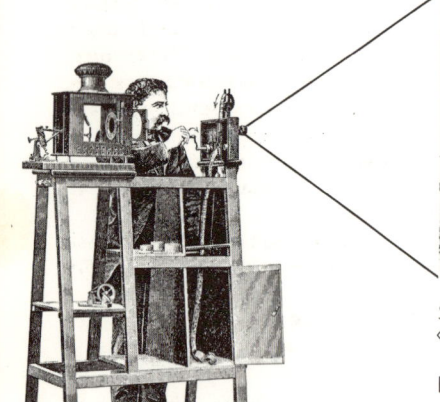

Louis Lumière et son projecteur

Le système Lumière, le premier à employer un projecteur pour présenter des images mouvantes à un groupe de spectateurs, est à l'origine de toute l'industrie du cinéma moderne.
C'est un autre Français, Georges Méliès, qui fonda la première société pour la production de films. Illusionniste de profession, il réussit à produire des effets merveilleux en utilisant des procédés techniques très compliqués. Il créa aussi les premiers dessins animés.

Georges Méliès – illusionniste et cinéaste

« Voyage dans la lune » de Georges Méliès

« Napoléon » d'Abel Gance

Depuis Lumière et Méliès, les cinéastes français ont toujours été les pionniers de nouvelles techniques cinématographiques. En 1906, Eugène Lauste inventa un nouveau système pour l'enregistrement du son.

C'est Max Linder, comédien français, qui créa un nouveau genre comique, qui inspira le grand Charlot (Chaplin) et les comédiens américains. Abel Gance, un des plus grands metteurs en scène du cinéma mondiale, employa un écran triptyque pour montrer trois images à la fois dans son chef-d'œuvre, « Napoléon ». Le cinéma reste toujours une des distractions préférées des Français, mais on prend aussi le cinéma très au sérieux et beaucoup le considèrent comme un art. Il y a partout des ciné-clubs et des cinémathèques, où on peut étudier les grands films du passé.

LE CINÉMA FRANÇAIS

Le premier cinéma du monde

C'est un soir: le 27 janvier 1896. Une histoire de l'autre siècle...

Dans cette boutique, à la place d'un commerce de tentures et de lainages, vient de s'ouvrir le premier cinéma du monde, le premier cinéma public, payant, ouvrant chaque jour, formant spectacle.

Il me souvient fort bien que, dans l'entrée, il y avait un tourniquet avec un contrôleur. Cet homme, de temps à autre, élevait la voix pour crier aux passants:

— Venez voir! Les vues animées du cinématographe Lumière. Venez voir! Cinquante centimes, dix sous!

Enfin, les lumières s'éteignirent et, aussitôt, l'écran de toile reçut une clarté brusque et cruelle. Au même moment se déclencha un lent tac-tac, comparable au mouvement d'une broche ou à la crémaillère d'une horloge, lorsque les heures vont sonner. Dans nos ténèbres, une voix annonçait:

— Mesdames, messieurs, la séance va commencer.

Il y avait huit vues. J'en ai oublié deux. Les autres, je les vois. La première surtout. C'est une rue de banlieue usinière; il fait grand soleil. Au fond, une porte s'ouvre très vite: deux ouvriers sortent du néant. Rien ne me rendra cette impression. J'en eus la respiration coupée. Il y eut tout à coup un chien qui traversa l'écran et s'arrêta pour aboyer en silence.

Puis vinrent des bicyclettes. Les personnages, de plus en plus nombreux, vibraient; ils avaient des gestes trop vites, saccadés, tremblotants. Mais ils bougeaient, mais ils vivaient.

La salle s'éclaira. On vit la toile nue, vide, éteinte. On se frottait les yeux.

Raconterai-je la suite, telle que ma mémoire l'a conservée? On vit un arroseur municipal qu'un gamin aspergeait au milieu des rires et l'eau chatoyait dans le soleil. Des ouvriers effondrèrent un mur; et la poussière se dispersa dans le vent.

Soudain, sur la toile magique, on vit s'éclairer et remuer la chose la plus frappante, car elle était connue de tous: une place de la ville, la place des Cordeliers. C'était bien elle, pas d'erreur, avec ses voitures, ses tramways, ses magasins, ses Lyonnais et ses Lyonnaises, ses agents, son église.

Un passant tourna la tête, vint vers nous, plongea les yeux dans notre ombre. Il nous regardait le regarder. Il nous voyait, il devait nous voir.

Dans notre impuissance à comprendre des impressions si neuves, il nous semblait impossible que cette ombre fût privée de vie, de sens et de volonté.

A ceux d'aujourd'hui, un tel ravissement doit sembler naïf. Qui donc, au temps des studios, des films kilométriques, des stars et du 'cinéma absolu', voudrait croire que *L'Arrivé d'un train*, par exemple, oppressait le public d'un tel saisissement que l'on jetait des cris...?

Henri Béraud, *La Gerbe d'or*, Plon (adapté)

Quelques grands noms du cinéma français...

Abel Gance
René Clair
Marcel Carné
Jacques Prévert
Jacques Tati
Robert Bresson
Henri Clouzot
Jean Renoir

et les membres de la Nouvelle Vague

François Truffaut
Roger Vadim
Alain Resnais
Agnès Varda
Jean-Luc Godard

«Les Vacances de Monsieur Hulot» de Jacques Tati

«Jules et Jim» de François Truffaut

«Le Bonheur» d'Agnès Varda

«Pierrot le Fou» de Jean-Luc Godard

Les premiers pas 2

Employé(e) Philippe	Employé(e) Jacqueline	Employé(e) Jean-Jacques
Client(e) Mme Blois	Client(e) Mme Aubric	Client(e) Mme Poulenc
Adresse 3 ou rue Pauchet, Paris XVIIe	Adresse 114 Boulevard Saint-Michel	Adresse 17 rue Sapin, Paris 18^e
Tél. 127.64.13	Tél. 117.14.59	Tél.
Emploi Remplacer une vitre et laver une auto.	Emploi Promener chien 2 fois par jour et lui donner à manger et à boire.	Emploi Entrer par la fenêtre et prendre un trousseau de clefs sur la table de la cuisine.
Autres renseignements Attention au chien méchant	Autres renseignements Tout près d'ici. Chien ne mange que du chocolat et ne boit que de l'eau chaude!	Autres renseignements Vieille dame gratis; frais de déplacement seulement. **URGENT**
Ordre reçu par Françoise	Ordre reçu par Françoise	Ordre reçu par Guy
Date le 1er Octobre	Date 1er Octobre	Date le 2 octobre
Tarif ? heures à 5 F à l'heure	Tarif ? heures à 10 F à l'heure	Tarif heures à F à l'heure
Signature du client	Signature du client	Signature du client

Peu après le début de la campagne publicitaire, le bureau de la Bande à Tout Faire fut inondé de demandes. Il y eut des lettres, des cartes postales, des coups de téléphone, même des télégrammes. Il y eut même des clients qui se rendirent en personne au Relais du Midi pour demander à la Bande de faire telle et telle chose. Chaque jour, du matin au soir, les copains recevaient des demandes de toutes sortes. Ils en reçurent une d'une vedette de cinéma qui voulait que quelqu'un promène son petit chien deux fois par jour, d'un général en retraite qui avait besoin d'un chauffeur parce que le sien s'était cassé la jambe, d'une vieille femme distraite qui était sortie de sa maison, en laissant son trousseau de clefs sur la table de la cuisine, d'un vieux monsieur qui se sentait très seul et qui cherchait à se marier, et ainsi de suite toute la journée... Le téléphone ne cessait pas de sonner.

Au bureau de la Bande, on ne savait plus comment faire. Guy essayait de dresser une liste de tout ce qu'il y avait à faire. Françoise était occupée à recevoir des candidats et à leur donner un emploi convenable; Jean-Luc se plaignait qu'il y avait déjà trop à faire et qu'ils seraient tous morts de fatigue avant la fin de l'année.

Et Sylvie? La pauvre Sylvie, elle, essayait de faire trente-six choses à la fois et, finalement, ne faisait rien du tout!

1. Qu'est-ce qui se passa à la suite de la campagne publicitaire?
2. Comment sait-on que les copains étaient très occupés?
3. Est-ce que les travaux étaient tous faciles à faire?
4. De quoi est-ce que les filles se chargeaient?
5. Comment sait-on que Jean-Luc n'était pas satisfait de son travail?

Conversations

2

A. *Guy parle au téléphone avec une cliente qui a besoin d'aide.*

LA CLIENTE   C'est le bureau de la Bande à Tout Faire?
GUY   Oui, madame. Qu'y a-t-il pour votre service?
LA CLIENTE   Je suis désolée. En sortant de chez moi ce matin, j'ai laissé mes clefs sur la table de la cuisine. Je ne peux pas rentrer sans mes clefs. Qu'est-ce que je vais faire?
GUY   Je crois que nous pouvons vous aider, madame. Ne quittez pas. Je vais prendre une fiche... Bon. J'y suis. Qui est à l'appareil?
LA CLIENTE   C'est Mme Poulenc.
GUY   Et votre adresse, madame?
LA CLIENTE   17, rue Scapin, Paris 18e.
GUY   Vous n'avez laissé aucune fenêtre ouverte?
LA CLIENTE   Si; il y en a une qui est ouverte au premier étage. C'est là que se trouve mon appartement.
GUY   Alors, c'est simple; nous arriverons avec une échelle dans un quart d'heure.
LA CLIENTE   Oh, merci, monsieur. Vous êtes très gentil. Mais dépêchez-vous. J'ai laissé une casserole sur la cuisinière. J'ai peur que mon déjeuner soit brûlé.
GUY   Nous nous mettons en route dans quelques instants. Au revoir, madame. A votre service!

B. Imaginez la conversation entre Françoise et la vedette de cinéma, Adèle Aubric, qui veut que la Bande promène son petit chien et lui donne à manger et à boire. Ajoutez des détails. Comment s'appelle-t-il, ce chien? Qu'est-ce qu'il n'aime pas faire? Pourquoi Mlle Aubric ne peut-elle pas le promener elle-même? Est-elle contente du tarif que Françoise lui propose?

C. Décrivez l'arrivée de Jean-Jacques chez Mme Poulenc, et rapportez leur conversation. Quels conseils Jean-Jacques donne-t-il à Mme Poulenc avant de partir?

Modèles

A

je	cherche	une	fenêtre ouverte	il y en	a	une	au	rez-de-chaussée	
	cherchais		chambre libre		avait			premier	étage
	chercherai	un	agent de police		aura	un		deuxième	
			nouvel appartement					troisième	
		des	employés de la Bande					quatrième	
			étudiants français					cinquième	

B

	j'ai	peur que	mon déjeuner	soit	brûlé
	il a		l'employé		en retard
	elle a		je	sois	déçu(e)(s)
	nous avons		tu		
	ils ont	(qu')	ils	soient	
	elles ont		elles		
			nous	soyons	
			vous	soyez	

21

La cuisine de Mme Poulenc

2

Voici la cuisine de Mme Poulenc avec la table sur laquelle elle a laissé ses clefs. Il est clair que Mme Poulenc n'est pas très pauvre; sa cuisine est en effet assez bien équipée en appareils ménagers. Il y a notamment un évier moderne (avec un égouttoir), un grille-pain et une cuisinière électrique, beaucoup de placards et un assez grand réfrigérateur. Notez aussi le sol carrelé et la hotte par où sortent les odeurs de cuisine.

Quels appareils manquent à la cuisine de Mme Poulenc?
A quoi servent les appareils que vous voyez?
Décrivez la cuisine.

Voici un avis que Françoise a mis à la vitrine du café.

La Bande à Tout Faire
Offres d'emplois

A la suite des demandes déjà reçues, nous embauchons étudiants, lycéens et lycéennes pour les travaux suivants:

laver une voiture
faire la lessive et la vaisselle
peindre une maison
aider un boulanger
conduire une auto
adresser des lettres
transporter un chat jusqu'au Havre
faire du jardinage
réparer un poste de télévision
coudre des rideaux
entretenir un scooter
nettoyer un appartement
tondre un gazon

*Voulez-vous gagner de l'argent?
Si vous n'avez pas peur du travail, adressez-vous ici, à*

Françoise Baron

GRAND CONCOURS
DES APPAREILS ELECTROMENAGERS

On vous offre de choisir entre les appareils ci-dessous. Classez-les par ordre de préférence.

une machine à laver automatique		un aspirateur	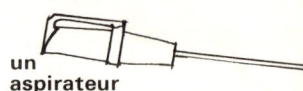
un lave-vaisselle		une essoreuse	
un congélateur	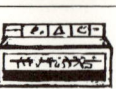	une cuisinière à gaz	
un sèche-cheveux		un fer à repasser	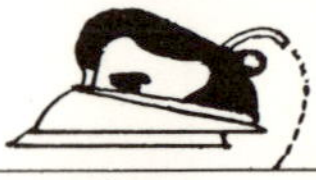
un chauffe-eau		un radiateur soufflant	

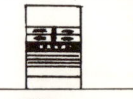

et complétez ces phrases:
1. *Je préfère ......, parce que ......*
2. *Je n'attache pas d'importance à ......, parce que ......*
3. *J'aurais préféré ......, parce que ......*

Georges Brassens

Le Bricoleur

2

♦ Pendant les rares moments de pose
♦ Où il n'répare pas quelque chose
♦ Il cherche le coin disponible où
♦ L'on peut encor' planter un clou.
♦ Boîte à outils!
♦ Le clou qu'il enfonce à la place
♦ Du clou d'hier, il le remplace-
♦ Ra demain par un clou meilleur
♦ Le même qu'avant-hier d'ailleurs.

♦ *Refrain*

♦ Mon Dieu quel bonheur,
♦ Mon Dieu quel bonheur,
♦ D'avoir un mari qui bricole
♦ Mon Dieu quel bonheur,
♦ Mon Dieu quel bonheur,
♦ Boîte à outils!... Boîte à outils!

♦ A l'heure actuelle il fabrique
♦ Un nouveau système électrique
♦ Qui va permettre à l'homme enfin
♦ De faire de l'eau avec du vin,
♦ Mais dans ses calculs il se trompe
♦ Et quand on veut boire à la pompe
♦ Il nous arrive d'ingurgiter
♦ Un verre d'électricité.

extrait d'une chanson de
Georges Brassens, Denoël

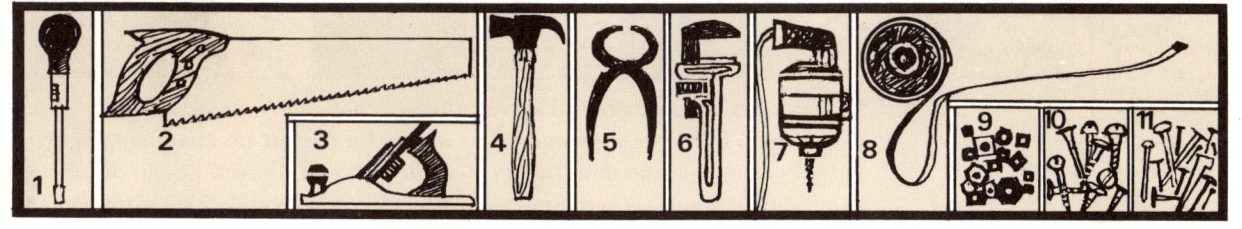

Dans sa boîte à outils, il faut à tout bricoleur :
1. un tournevis
   pour serrer et desserrer les vis
2. une scie
   pour couper le bois
3. un rabot
   pour raboter le bois
4. un marteau
   pour enfoncer les clous
5. une tenaille
   pour arracher les clous
6. une clef anglaise
   pour serrer les écrous
7. une perceuse électrique
   pour faire des trous
8. un mètre-ruban
   pour bien mesurer
9. écrous   10. vis   11. clous

Modèle

'Un nouveau système électrique... va **permettre à** l'homme... **de** faire de l'eau avec du vin'

Mme Poulenc Françoise le patron ce monsieur cette dame il elle on	va	permettre demander dire ordonner conseiller défendre promettre	à	l'employé Guy Jacqueline	de (d')	réparer l'appareil entrer chez elle promener le chien laver la voiture finir le travail aller à Paris
			aux	employés étudiants		
	me te lui nous vous leur					

En utilisant ce modèle on peut construire plus de 3 500 phrases différentes. Contentez-vous d'en construire une douzaine et notez bien la forme des phrases.

Exercices

1. Imaginez ce que dit Guy dans la conversation suivante.

MME POIROT   C'est le bureau de la Bande à Tout Faire?
GUY
MME POIROT   Oh, pardon, j'ai oublié d'appuyer sur le bouton.
GUY
MME POIROT   C'est Mme Poirot, 11, rue du Brésil. Je voudrais que vous fassiez un petit travail pour moi.
GUY
MME POIROT   J'ai un petit chat qui s'appelle Minou. Je veux qu'on le transporte avec beaucoup de soin chez ma sœur.
GUY
MME POIROT   Elle habite au Havre. Pouvez-vous y aller aujourd'hui?
GUY
MME POIROT   Dans deux jours alors. Mais pas plus; je pars en vacances dans trois jours.
GUY
MME POIROT   Non; je lui donnerai à manger avant que vous veniez le chercher.
GUY

2. Qu'est-ce que Mme Poirot veut que nous fassions (ou ne fassions pas) pendant qu'elle est en vacances?

exemple   Elle veut que nous lavions la voiture.
Elle ne veut pas que nous fassions la vaisselle.

3. M. François Latour, général en retraite, 11, rue de l'Abbaye, Paris 6ᵉ, téléphone à la Bande et demande à Guy de lui fournir un chauffeur, le sien s'étant cassé la jambe dans un accident de la route. Il aura besoin de ce chauffeur pendant six semaines pour conduire une grande Citroën neuve; le chauffeur devra donc être très expérimenté et très prudent. Les heures de travail seront de 8h du matin à minuit et le chauffeur devra laver la voiture chaque jour avant de se mettre en route.
Imaginez la conversation entre Guy et le général.

4. Voici un extrait du rapport que Françoise rédigea à la fin de la première semaine.

Appels reçus	Travaux terminés	En cours	Impossibles	A faire	Nombre d'employés
119	47	21	1	50	15

a. Ecrivez le rapport de Françoise, en utilisant les renseignements donnés.

exemple   Pendant la première semaine d'opérations, nous avons reçu cent dix-neuf appels.

b. Imaginez le rapport de Françoise à la fin du premier mois.

5. Qu'est-ce qu'il est interdit de faire?

6. Ecrivez les phrases suivantes en remplaçant les mots *en italique* par des pronoms.
1. Vous trouverez *vos amis devant le cinéma.*
2. Ils n'ont pas envoyé *de billets à leurs amis.*
3. Je dois donner *à Philippe les renseignements nécessaires.*
4. Il n'a pas envoyé *les lettres à Paris.*
5. Elle a persuadé *ses parents* en allant les voir *chez eux.*
6. Il a dit à ses amis de retrouver *les filles devant l'église.*
7. Donnez-moi *des jetons*, s'il vous plaît.
8. Envoyez *la carte postale à Françoise.*
9. N'oublie pas *le pourboire.*
10. N'oublie pas de mettre *les lettres à la poste.*

7. Choisissez dans chacune des cases un adjectif pour décrire le nom dans les phrases suivantes. N'oubliez pas l'accord des adjectifs.

exemple Françoise est une *jeune* fille *intelligente*.

adjectifs qui se placent généralement avant le nom	quelques adjectifs qui se placent après le nom
jeune grand bon petit beau gros joli premier mauvais long bref vieux	intelligent blanc comique normand désespéré terrible français cruel secret parisien charmant lent

1. Ils ont roulé le long d'une avenue.
2. Donnez-moi du vin.
3. Nous avons reçu un message des soldats.
4. Cette femme a refusé de nous aider.
5. Le Loir est une rivière.
6. Nous avons visité un château.
7. Nous avons vu le film de Fernandel.

8. Qu'est-ce que le père de Jean-Jacques lui a permis d'emprunter? Pour quoi faire? Répondez avec des phrases.

exemple Le père de Jean-Jacques lui a permis d'emprunter la voiture pour aller rendre visite à sa grand-mère.

Philippe demande son chemin

2

Le Relais du Midi est situé tout près de la Place de l'Odéon, non loin du Boulevard Saint-Germain. Il se trouve entre la Boulangerie Plon et la Laiterie Drouet, juste en face d'une petite alimentation générale où Françoise fait quelquefois ses courses. Philippe doit porter un gros paquet à la rue de Lille, mais il a peur de se perdre parce qu'il n'est pas du quartier. C'est donc Françoise qui lui indique le chemin.

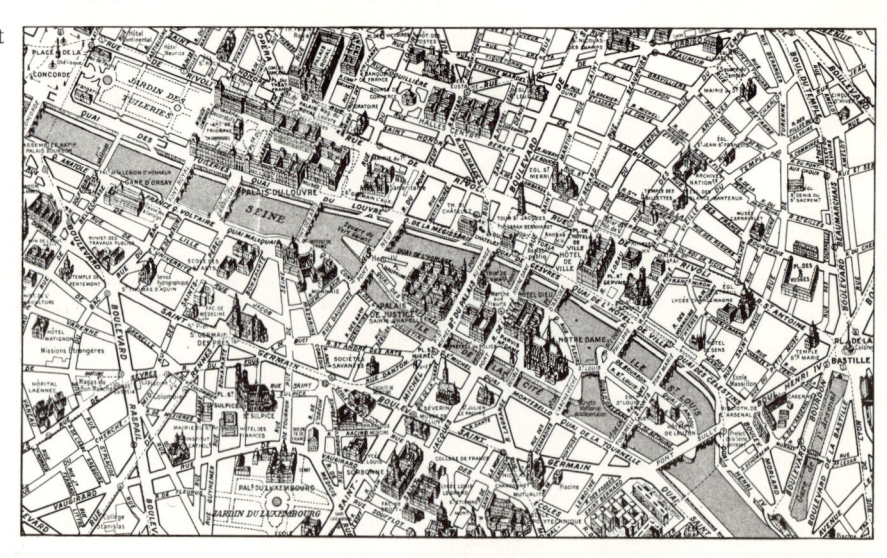

ADAPTATIONS
Employez les phrases dans la case pour varier les renseignements donnés.

PHILIPPE — Françoise, **sais-tu où se trouve**[1] la rue de Lille?

FRANÇOISE — Bien sûr; ce n'est pas très loin. En sortant d'ici, **va tout droit**[2] jusqu'au Boulevard Saint-Germain. Tu le connais, **n'est-ce pas?**[3]

PHILIPPE — Oui, et après?

FRANÇOISE — Dans le Boulevard Saint-Germain, tourne à gauche, **descends**[4] le boulevard et **prends**[5] la deuxième rue à droite. C'est la rue de Seine. Ça va?

PHILIPPE — Oui, oui. Continue.

FRANÇOISE — **Remonte**[6] la rue de Seine et **prends**[7] la deuxième à gauche: c'est la rue Jacob. **Continue**[8] jusqu'à la deuxième rue, tourne à droite, puis **prends**[9] la deuxième à gauche et **tu tomberas dans la rue de Lille.**[10]

PHILIPPE — Bon, **j'y suis.**[11] J'y serai dans vingt minutes. Merci **beaucoup.**[12]

FRANÇOISE — **Il n'y a pas de quoi,**[13] mon vieux. Il est presque impossible de **te perdre**;[14] mais si tu **te trompes de chemin,**[15] demande à un passant. **C'est tout près**[16] de la Gare d'Orsay.

[1] je cherche, où est
veux-tu m'indiquer le chemin de
pour aller à
par où va-t-on à
[2] continue
suis la rue
[3] hein?
[4] remonte
suis
[5] tourne à
[6] suis
[7] tourne à
[8] suis la rue Jacob
[9] tourne à
[10] c'est là
[11] je vois où c'est
[12] bien
[13] je t'en prie
à votre service
[14] t'égarer
[15] perds ton chemin
[16] ce n'est pas loin

2

Voici d'autres endroits où les membres de la Bande ont à aller.
Indiquez-leur le chemin, en partant de la place de l'Odéon.
(En parlant à un des copains il faut tutoyer.)

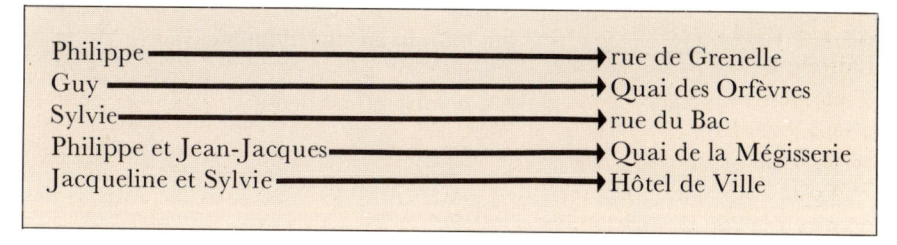

Philippe	rue de Grenelle
Guy	Quai des Orfèvres
Sylvie	rue du Bac
Philippe et Jean-Jacques	Quai de la Mégisserie
Jacqueline et Sylvie	Hôtel de Ville

Regardez ce plan du centre d'une ville imaginaire. Vous êtes à l'Hôtel de Ville. Notez la position des autres édifices et lieux publics.

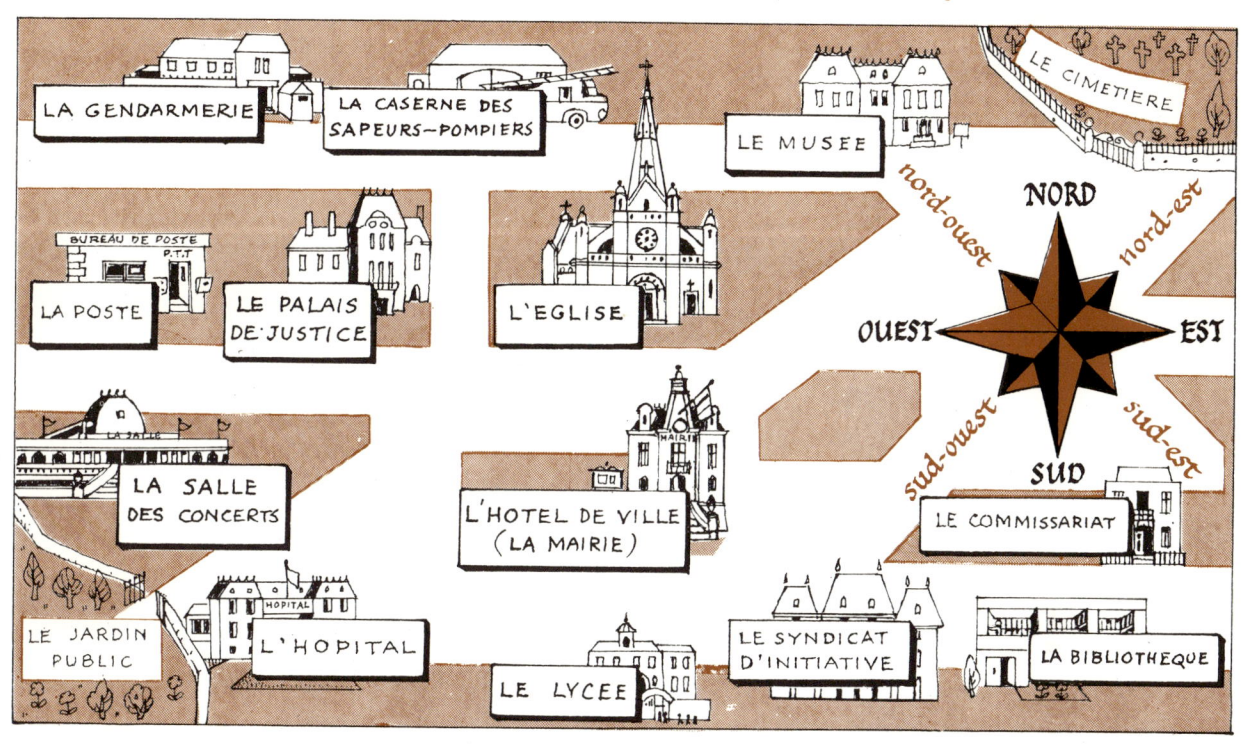

1. Décrivez la position de quatre édifices par rapport au Palais de Justice.
2. Quels édifices sont loin du Palais de Justice?
3. Quels édifices se trouvent au sud-ouest du cimetière?
4. Qu'est-ce qui se trouve au nord du Syndicat d'Initiative?
5. Qu'est-ce qu'il y a à côté de la caserne des sapeurs-pompiers?
6. Qu'est-ce que c'est que le Syndicat d'Initiative?
7. A quoi sert une bibliothèque?
8. Que font les sapeurs-pompiers?
9. Qu'est-ce que c'est qu'un hôpital?
10. Qu'est-ce qui se passe à la Poste?

Exercices

9. Qui parle? Vous avez le choix entre quatre réponses.

1. a. un peintre et son client
   b. un marchand de légumes et son client
   c. un marchand de légumes et sa cliente
   d. un peintre et sa cliente

2. a. une touriste et un chauffeur de taxi
   b. un touriste et son ami
   c. un porteur et son client
   d. une touriste et un porteur

3. a. un employé et son patron
   b. un employé et la secrétaire du patron
   c. une secrétaire et son patron
   d. une secrétaire et l'horloge parlante

4. a. un garagiste et son client
   b. un chauffeur de taxi et sa cliente
   c. deux chauffeurs de taxi
   d. un négociant et sa cliente

5. a. deux touristes américains
   b. un médecin et son frère
   c. un médecin et une malade
   d. un pharmacien et son client

6. a. un médecin et sa femme
   b. un professeur et un élève
   c. un médecin et un malade
   d. un pharmacien et son client

10. Où se trouvent les personnes qui parlent?

1. a. dans un café
   b. dans un cinéma
   c. sur un terrain de sport
   d. en prison

2. a. à l'épicerie
   b. à la piscine
   c. dans un garage
   d. au bord de la mer

3. a. en avion
   b. dans un taxi
   c. dans un bateau-mouche
   d. dans le Métro

4. a. à la droguerie
   b. chez le coiffeur
   c. chez le pharmacien
   d. chez le docteur

5. a. à la Poste
   b. dans la loge du concierge
   c. dans un grand immeuble
   d. dans un hôtel

6. a. à la caserne des sapeurs-pompiers
   b. à une fête
   c. chez le marchand de légumes
   d. dans la Salle des Fêtes

11. Employez le verbe dans la case pour compléter la phrase.

1. Il s'assit à la table et ...... trois verres de cognac. — boire
2. Il ne se sera pas perdu; il ...... bien le chemin. — connaître
3. L'agent a dit qu'il ...... la voiture comme un fou. — conduire
4. Quand tu m'offriras un verre je ...... à ta santé. — boire
5. Ah non, merci; nous ne ...... jamais de vin avant le déjeuner. — boire
6. Voici M. Baron, vous le ...... déjà? — connaître
7. Mais oui; je le ...... depuis longtemps. — connaître
8. Si j'avais une voiture de sport, je la ...... avec prudence. — conduire
9. Qu'est-ce qu'ils ......? Je les ai vus boire du cidre. — boire
10. Depuis quand ...... vous cette voiture, monsieur? — conduire

EXAMEN 2

1. Aural Test

Answer the following questions in FRENCH, using complete sentences. Write briefly, using tenses appropriate to the question, and confine youself to the material provided in the story.

1. Qu'est-ce qui est arrivé à beaucoup de soldats français pendant la guerre?
2. Depuis combien de temps les soldats étaient-ils prisonniers?
3. A quoi pensaient les soldats?
4. Pourquoi devaient-ils recommencer tout de suite à creuser un tunnel?
5. Qu'est-ce qui s'est passé en novembre?
6. Ceux qui allaient s'évader, qu'est-ce qu'ils devaient emporter?
7. Comment avaient-ils caché l'entrée du tunnel?
8. Quand Renaud est arrivé à l'autre bout du tunnel, qu'est-ce qui a attiré son attention?
9. Quels bruits est-ce que Renaud a entendus?
10. Imaginez que vous êtes Larmand. Décrivez votre tentative d'évasion.

Cambridge

2. Composition

'There's no place like home...'

Write in French not fewer than 130 words and not more than 150 words, telling the story suggested by the series of pictures below.

tractor, *le tracteur*

Oxford and Cambridge

3. Conversation

The town

A. 1. Quelle est la situation géographique de votre ville (ou village)?
   2. Combien d'habitants y-a-t-il?
   3. Qu'est-ce qu'on trouve au centre de la ville (du village)?
   4. Que faut-il faire pour aller d'ici à la gare?
   5. Par quels moyens de transport votre ville est-elle desservie?

B. 6. Quelles sont les industries principales de cette ville/de cette région?
   7. Comment se sert-on de la bibliothèque municipale?
   8. Quel est l'intérêt touristique de la ville (d'une ville ou d'une région voisine)?
   9. Décrivez un bâtiment intéressant que vous connaissez dans la ville ou dans la région.
   10. Quelle est l'importance de cette ville dans la vie de la région?

J.M.B.

Les livreurs

Cinquième semaine d'opérations de la Bande à Tout Faire. De jour en jour, le nombre des appels à l'aide allait toujours croissant, de sorte que Françoise, la directrice des opérations, décida de fonder des sections différentes dont chacune aurait sa spécialité. Elle ouvrit donc la section 'Bricoleurs' qui s'occuperait des petits travaux, la section 'Ménagère' qui se chargerait des travaux ménagers, la section 'Dépanneurs' qui se chargerait de l'entretien des appareils et machines de toutes sortes, et la section 'Livreurs' qui s'occuperait des messages et de la livraison d'objets et paquets divers dans tous les quartiers de Paris et même ailleurs.

La vache se met à examiner tout ce qu'il y a d'intéressant

Pendant la cinquième semaine c'est la section 'Livreurs' qui eut les missions les plus intéressantes. Bien entendu, la Bande eut à faire beaucoup de travaux ordinaires, mais il y en eut d'autres qui étaient bizarres, pour ne pas dire plus. Par exemple, un jour on demanda à la Bande de transporter une vache primée d'un bout de Paris à l'autre. Deux employés de la Bande, Claude et Robert, aidaient un fermier à faire la moisson dans une petite ferme à trente kilomètres à l'ouest de Paris, et celui-ci leur demanda de transporter cette vache aux studios de l'ORTF, où elle allait prendre part à une émission de télévision. Malheureusement, le camion dans lequel on transportait la vache aux studios tomba en panne, et la seule manière d'arriver à temps aux studios fut de conduire la vache à pied à travers les rues de Paris. Quel défilé bizarre que celui qui traversa la Place de la Concorde ce matin-là! Il y avait deux employés de la Bande qui essayaient de persuader la vache de traverser la Place, tandis qu'une centaine de spectateurs (des jeunes voyous pour la plupart) huaient les malheureux vachers en encourageant la vache à s'enfuir. Quant à la vache, profitant de sa liberté inattendue, elle se mit à examiner de près tout ce qu'il y avait d'intéressant sur la Place; les réverbères, les piétons, les voitures, même les autobus.

Embouteillages partout, deux accidents sur la chaussée, où un chauffeur de taxi, s'intéressant plutôt au défilé extraordinaire qu'à la conduite de son taxi, rentra dans un autobus, dont le conducteur, lui non plus, ne faisait pas attention à la conduite de son véhicule. Rien de grave, heureusement, mais les deux chauffeurs se mirent à se lancer des injures.

Enfin les deux employés de la Bande réussirent à arriver aux studios avec une demi-heure de retard, suivis d'une vache épuisée et d'une bande de joyeux spectateurs.

1. Pourquoi est-ce que Françoise décida d'ouvrir des sections différentes?
2. De quoi se chargerait la section 'Bricoleurs'?
3. Pourquoi est-ce qu'on transportait la vache d'un bout de Paris à l'autre?
4. De quoi est-ce que la vache s'intéressa?
5. Pourquoi est-ce qu'il y eut un accident?

Conversations au téléphone

3

ADAPTATIONS
Employez les phrases dans la case pour varier les conversations.

A.
FRANÇOISE **Ici le bureau de la Bande à Tout Faire.**[1] Françoise Baron à l'appareil...
LE CLIENT Puis-je vous demander un service, mademoiselle? J'ai laissé **mon imperméable**[2] dans **l'autobus**[3] ce matin. **Pouvez-vous**[4] aller le chercher au Bureau des Objets Trouvés et me l'apporter **aussitôt**[5] à mon bureau?
FRANÇOISE Ah non, **je ne peux pas**[6] en ce moment, je regrette. Il y a **une demi-heure**[7] j'aurais pu **envoyer quelqu'un**,[8] mais **en ce moment**[9] personne au bureau **n'est libre**.[10] **Nous pourrions**[11] aller le chercher dans une heure si vous **pouviez**[12] attendre.
LE CLIENT Bon. Ça ira. Merci bien.
FRANÇOISE Alors, **si vous me donniez**[13] quelques détails, je pourrais remplir une fiche. Qui est à l'appareil?...

[1] Allô!

[2] pardessus, parapluie
[3] le train   [4] pourriez-vous

[5] tout de suite

[6] il est impossible
[7] un quart d'heure
[8] vous dépanner
[9] à présent
[10] il n'y a personne
[11] nous pourrons, on pourrait
[12] pouvez

[13] voudriez-vous me donner

B.
FRANÇOISE **Vous désirez, mademoiselle?**[1]
SYLVIE **C'est**[2] Sylvie; je suis à la gare Saint-Lazare. **Je devais**[3] partir par le train de onze heures, mais je me trouve sans **argent**.[4] J'ai dû laisser mon porte-monnaie chez moi. **Peux-tu**[5] y aller le chercher? Je n'ai pas assez d'argent pour y aller moi-même.
FRANÇOISE Et tu **veux**[6] que nous y allions tout de suite, sans doute?
SYLVIE Oui, s'il te plaît. **Je devrai**[7] prendre le prochain train qui part à **midi et demi**.[8]
FRANÇOISE Tu **devrais**[9] être **moins distraite**,[10] mon amie. Alors nous aurions tous moins de travail!
SYLVIE Oui, **c'est vrai**.[11] J'aurais dû vérifier avant de sortir que je l'avais dans mon sac. Que je suis bête!... Tu peux envoyer quelqu'un **chez moi?**[12]
FRANÇOISE Non, il me faudra y aller moi-même. Tous les autres sont déjà au travail.
SYLVIE Oh, merci mille fois.
FRANÇOISE **Toujours à votre service**,[13] mademoiselle.

[1] Allô... qui est à l'appareil?
[2] ici
[3] j'allais
[4] le sou

[5] pourrais-tu
    serait-il possible d'

[6] voudrais

[7] il me faudra
[8] douze heures et demie
[9] aurais dû   [10] plus attentive

[11] tu as raison

[12] le chercher

[13] il n'y a pas de quoi

C. Imaginez la conversation entre Claude et Robert, les deux employés de la Bande, au moment où leur camion tombe en panne. Que faire pour livrer la vache à temps aux studios de l'ORTF?

31

Modèles

POUVOIR			DEVOIR	
puis-je	vous accompagner (?)	PRESENT	je dois	partir
je ne peux pas	venir ce soir		nous devons	sortir
nous pouvons	aller au bureau		ils doivent	rentrer
je pourrai	le faire	FUTUR	je devrai	attendre
ils pourront	attendre		nous devrons	le faire
je pourrais		CONDITIONNEL	tu devrais	y aller
nous pourrions			nous devrions	
j'aurais pu		CONDITIONNEL ANTERIEUR	j'aurais dû	
ils auraient pu			elles auraient dû	
je pouvais		IMPARFAIT	je devais	
nous pouvions			vous deviez	
je n'ai pas pu		PASSE COMPOSE	j'ai dû	
il n'a pas pu			elles ont dû	
je ne pus pas		PASSE SIMPLE	je dus	
il ne put pas			il dut	

Exercices

1. Complétez les phrases comme dans l'exemple. Utilisez le verbe *pouvoir*.

exemple   Ils vont à Londres, mais *je ne peux pas les accompagner.*

1. Il va à Bruxelles, mais ......
2. Ils iront demain soir aux Etats-Unis, mais ......
3. Elles allaient en ville, mais ......
4. Elle alla rendre visite à notre cousin, mais ......
5. Il est allé voir le nouveau film, mais ......
6. Même si elle allait à Londres demain soir, je ......
7. Même s'ils étaient allés en France, je ......

2.
1. Qu'est-ce que vous devez faire à l'école?
2. A quelle heure est-ce que le train devait partir?
3. Où est-ce qu'elle a dû laisser son sac?
4. Qu'est-ce qu'on devrait faire s'il y avait un vol?
5. Où est-ce que vous devrez bientôt aller?
6. Qu'est-ce qu'elle n'aurait pas dû faire?

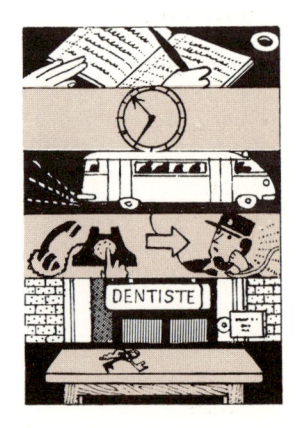

3. Complétez ces phrases en utilisant une partie convenable du verbe *courir*.
1. Si elle ...... elle n'aurait pas manqué le train.
2. Si nous voyons que l'autobus est sur le point de partir, nous ...... à toute vitesse.
3. ...... vite, mon ami; le car va partir.
4. Si je le voyais arriver, je ...... à sa rencontre.
5. Il ...... le long de la rue car il n'a pas voulu manquer l'autobus.
6. Quand j'étais jeune je ...... partout; je ne marchais jamais.

Le salaire de la peur

3

Ce roman passionnant de Georges Arnaud met en scène un groupe de fainéants, échoués sans argent à las Piedras, au Guatémala, pour qui le seul espoir de s'échapper de ce trou sordide, où il leur est impossible de vivre, est de prendre l'avion. Mais on ne prend pas l'avion sans argent. Il n'y a pas d'argent sans travail et il n'y a pas de travail... Or, une nuit, au milieu de la plaine à pétrole de Zulaco il y a une explosion. Quatorze ouvriers sont tués. Un des puits prend feu et on ne peut pas éteindre les flammes sans employer des explosifs. Il n'y a pas de nitroglycérine à Zulaco: il faut en faire venir deux tonnes de las Piedras, qui est situé à une distance de cinq cents kilomètres, et on transportera les explosifs dans deux camions ordinaires, sans dispositifs de sécurité. Travail dangereux, mais qui donne à chacun des fainéants l'occasion à laquelle il songe depuis des mois, depuis des années même, l'occasion de s'échapper de las Piedras, car il faut quatre chauffeurs pour conduire les camions, chargés de nitroglycérine, jusqu'au lieu de l'accident. O'Brien, le patron irlandais, et Humphrey, son chef des transports, ont le problème de choisir quatre bons chauffeurs parmi le groupe de fainéants qui se présentent au bureau de la compagnie.

Explication

[1] Guatémaltèques   [2] continua

[3] somme d'argent donnée à ceux qui ont à habiter à l'étranger

[4] = *hopping*
[5] sont tués par une explosion
[6] parents, famille

[7] poussèrent

[8] d'indigènes

[9] cabane

[10] employé

[11] paraître

[12] invitation

[13] menaçait
[14] les beaux projets qu'ils avaient formés de s'échapper du Guatémala

[15] accessible à

A la porte du camp de la Crude était affichée une offre d'emploi: 'On embauche excellents chauffeurs de camion. Travail dangereux. Hauts salaires. S'adresser au bureau...'
— A part les indigènes,[1] qui est-ce qui va se présenter à l'embauche? enchaîna[2] le boss. Mais les tramps, naturellement. Dans cette ville de mort où seuls nous retiennent notre travail et les indemnités de zone,[3] il y a des hommes qui feraient n'importe quoi pour en sortir. C'est ceux-là qu'il nous faut. Eux accepteront de conduire vos espèces de camions, Humphrey. Ma parole, pour toucher le paquet, ils feraient le parcours à cloche-pied[4] avec la charge sur le dos. Et ceux qui sauteront[5] laisseront-ils des ayants droit?[6]...

O'B. ne se trompait pas. Les étrangers arrivèrent en groupe, à vingt. Ces types n'aimaient pas faire la queue. Ils bousculèrent[7] la file des indigènes qui attendaient depuis six heures du matin, au lever du soleil. Comme il était dix heures, ça en[8] fit pas mal à déplacer. Malgré l'intervention du policier de garde, tout se passa très bien. Les tramps étaient au premier rang lorsque la porte s'ouvrit enfin... Un à un ils pénétrèrent dans la baraque[9] où était logé le service d'embauche. Après une attente variable, ils furent reçus, toujours un à un, par le secrétaire d'O'Brien.

Là, un autre scribe[10] prit note de leurs noms, prénoms, nationalités, domiciles, et d'un tas d'autres renseignements semblables. Johnny fit ensuite observer à ses copains que tout ça ne pouvait même pas figurer[11] sur une pierre tombale. Ils remplirent un questionnaire de quatre pages et reçurent en échange une convocation[12] pour l'après-midi.

Plusieurs d'entre eux avaient vécu de longues années dans des pays de pétrole... Ils soupçonnaient tous quelle serait la nature du chargement qu'on allait leur confier. L'ombre de la redoutable nitroglycérine planait sur[13] les châteaux en Espagne que, tous, ils commençaient à bâtir[14]... L'après-midi, ils furent reçus par O'Brien en personne qui les regardait entrer avec un peu d'inquiétude. Quand ils furent massés devant lui, il se sentit rassuré: tous plus jeunes que lui; pas un de sa génération. Il n'en reconnaissait aucun.

Il se tenait debout derrière son bureau de bois clair. Il fumait un cigare noir du pays. A portée de[15] sa main droite, il avait un verre de chimiste en

33

3

¹⁶ erreur
¹⁷ jusqu'au

¹⁸ = *safety devices*
¹⁹ continue

²⁰ = *in plain language*
²¹ explose facilement   ²² = *jolt*

²³ verre   ²⁴ arrivèrent
²⁵ petite explosion

²⁶ = *empty*
²⁷ = *it isn't a piece of cake*

forme de cornet; dedans, un liquide huileux arrivait à peine au tiers de la hauteur.

— Guys, dit l'Irlandais, je pense que vous comprenez tous l'anglais...

— J'ai voulu vous parler moi-même pour qu'il n'y ait pas de malentendu.[16] J'ai besoin de quatre chauffeurs pour conduire à pied d'œuvre au[17] derrick Seize deux camions chargés de quinze cents kilos de nitroglycérine. Mes camions sont tout ordinaires, sans amortisseurs compensés, sans dispositif spécial de sécurité,[18] en excellent état, rien de plus...

— La nitroglycérine, poursuit[19] le gros O'Brien, en voici.

Il prit dans sa main droite le verre qui était posé sur le bureau et le souleva doucement jusqu'à la hauteur de son épaule.

— Ça n'a l'air de rien, c'est dangereux. D'abord à une température de quatre-vingts degrés, c'est absolument instable; en clair[20] ça signifie que ça pète pour un oui ou pour un non.[21] Et au moindre cahot[22] un peu sec, ça pète aussi. Regardez...

Vingt têtes se penchèrent, se tendirent en avant d'un même geste. Le vieux inclina le récipient.[23] Quelques gouttes affleurèrent[24] au bord, débordèrent. Lorsqu'elles arrivèrent sur le plancher de bois, une pétarade sèche[25] retentit...

— Si, néanmoins, après mes explications, il y en a qui ne se sentent plus disposés à prendre le risque, ils n'ont qu'à s'en aller...

— Nous n'offrons que quatre emplois, et nous sommes obligés de ne prendre que des gars vraiment parfaits. Ce que j'appelle des chauffeurs. Nous engageons cinq mille dollars par camion sur votre chance. D'ailleurs, c'est aussi votre intérêt. Un dernier mot: Vous serez très bien payés, mille dollars par voyage de cinq cents kilomètres. Vous revenez à vide[26] en douze heures. Rien que ce tarif vous dit suffisamment que ce n'est pas du sucre.[27]

Georges Arnaud, *Le Salaire de la Peur*, Julliard

1. Give details of the notice which appeared at the camp gate.
2. What type of applicant did O'Brien expect to receive?
3. Did the applicants queue in an orderly fashion?
4. What details did each have to give on the application form?
5. What were the feelings of the applicants as they waited to be interviewed?
6. Why was O'Brien reassured when he saw the applicants?
7. Give details of the practical demonstration which O'Brien gave to the applicants.
8. What was the exact nature of the job for which they were applying?
9. How did O'Brien describe the lorries?
10. What was the expense involved?

34

Modèles

A

| qui a | fait
écrit
dessiné | cela? | moi,
lui,
elle,
nous,
eux,
elles,
toi?
vous? | je l'ai
il l'a
elle l'a
nous l'avons
ils l'ont
elles l'ont
tu l'as
vous l'avez | fait
écrit
dessiné | moi-même
lui-même
elle-même
nous-mêmes
eux-mêmes
elles-mêmes
toi-même?
vous-même(s)? |

B

| qui est-ce?
qui est arrivé?
qui a été choisi? | (c'est)

(ce sont) | moi
toi
lui
elle
nous
vous
eux
elles |

C

| le chef
l'agent
il
M. Véron | a parlé
a attendu
est arrivé
s'est levé
s'est arrêté
a envoyé ce cadeau
ne peut pas réussir
s'est approché | avec
derrière
avant
devant
près de
pour
sans
d' | moi
toi
lui
elle
nous
vous
eux
elles |

Exercices

4. Avec qui est-ce que le patron a parlé? Répondez en employant un pronom.

exemple Il a parlé avec moi.

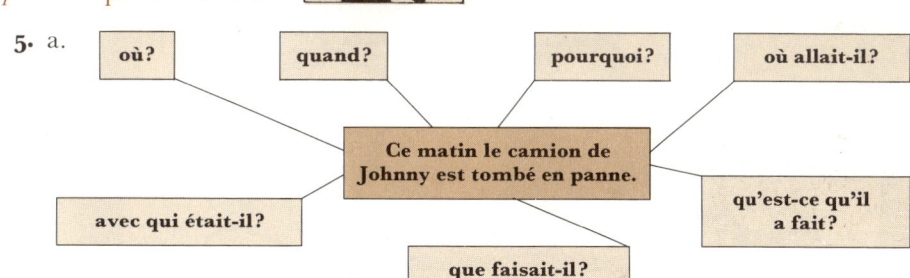

5. a. où? quand? pourquoi? où allait-il? avec qui était-il? que faisait-il? qu'est-ce qu'il a fait?

Ce matin le camion de Johnny est tombé en panne.

b. Vous êtes Johnny. Ecrivez le rapport que vous donnerez à votre patron.

6. Répondez toujours au négatif.

exemple As-tu acheté quelque chose? Non, je *n*'ai *rien* acheté.

1. Est-ce qu'il m'a apporté quelque chose?
2. Voudriez-vous des poires ou des bananes?
3. Ont-elles l'habitude de se baigner en hiver?
4. Y a-t-il quelqu'un dans le bureau du patron?
5. Qui avez-vous retrouvé dans la Salle des Fêtes?
6. Est-ce que vous allez toujours passer vos vacances sur la Côte d'Azur?
7. Combien de pays étrangers avez-vous visités?
8. Est-ce que vous m'avez cherché partout?
9. Qui est déjà arrivé?
10. Qu'est-ce qui est arrivé?

Les contrebandiers

1.
Employé(e) Claude et Robert
Client(e) M. Leblanc
Adresse ———

Emploi Rencontrer un certain M. Leclerc à Orly, recevoir de lui un paquet et remettre ce paquet à un certain M. Lenoir sous l'Arc de Triomphe

Autres renseignements Retrouver Leclerc devant le Bureau de Change, lui et Lenoir porteront une rose blanche à la boutonnière

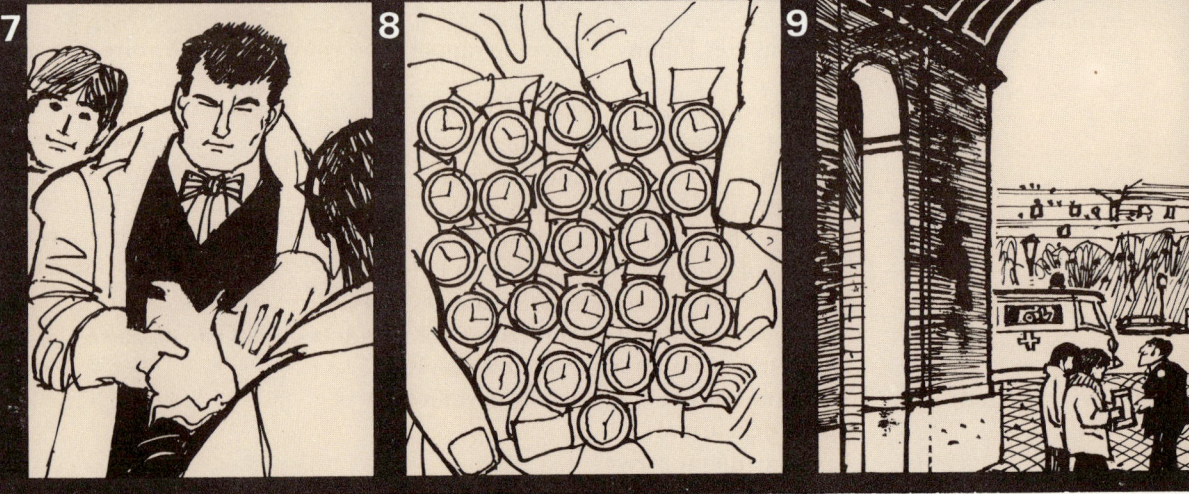

Conversation à la douane   3

Tout voyageur qui arrive dans un pays étranger doit passer à la douane. Voici Mme Véron qui vient d'arriver à l'aéroport du Bourget, au nord de Paris. Elle revient d'Autriche où elle a passé une quinzaine avec sa sœur qui est mariée à un Autrichien.

LA DOUANIERE — Vous avez quelque chose à déclarer, madame?
MME VERON — Non, madame, je ne crois pas.
LA DOUANIERE — Vous n'avez pas de cigarettes, ni de tabac?
MME VERON — Non, madame, je ne fume plus depuis deux ans.
LA DOUANIERE — Rien? Ni parfums, ni alcools, ni vêtements neufs?
MME VERON — Je n'ai rien du tout, madame, je vous assure.
LA DOUANIERE — Alors, ayez la bonté d'ouvrir votre valise, madame. C'est bien votre valise?
MME VERON — Oui, c'est ça. Vous n'y trouverez pas de contrebande...
LA DOUANIERE — Bon, vous n'avez pas de droits à payer... pourvu qu'il n'y ait rien dans votre sac.
MME VERON — Dans mon sac, mais...
LA DOUANIERE — Oui, madame. Voulez-vous me le montrer, s'il vous plaît. Ah, je m'en doutais; Un, deux, trois, quatre, cinq, six briquets. Tiens, pour une personne qui ne fume pas, vous voyagez très bien équipée, madame. Voulez-vous m'accompagner au bureau de la douane...

Exercices

7. Qu'est-ce que vous avez à déclarer?

Vous venez de faire un voyage à l'étranger. Faites une liste des articles illustrés ci-contre, que vous déclarerez au douanier.
Dans quels magasins êtes-vous allé(e) pour acheter ces articles? Pour qui sont-ils? Combien ont-ils coûté? Quelles choses n'allez-vous pas déclarer?
Ecrivez votre conversation avec le douanier.

8. Lisez le récit ci-dessous:

L'année dernière je revenais de la Suisse où j'avais passé mes vacances. J'étais à la douane. A côté de moi se tenait un petit homme aux moustaches blanches. Le douanier lui a demandé d'où il revenait, où il allait et s'il avait quelque chose à déclarer. L'homme a répondu qu'il n'avait rien. Le douanier lui a demandé d'ouvrir sa valise et il a commencé à la fouiller. Il y a trouvé une caméra neuve. Il a demandé à l'homme où il l'avait achetée. L'homme a répondu qu'il l'avait achetée en Suisse et qu'il avait oublié de la déclarer. Alors, le douanier a prié l'homme de l'accompagner dans un bureau qui se trouvait à côté. L'homme n'a pas voulu y aller et il s'est produit une petite dispute, à la suite de laquelle l'homme a été conduit de force au bureau.

Maintenant, imaginez la conversation entre le douanier et l'homme moustachu.

Exercices

9. **Où est-ce que ces gens travaillent? Que font-ils?**
   Un boulanger, un pharmacien, un agent, une concierge, un professeur, un boucher, un facteur, un marchand des quatre saisons, une ménagère, une femme de ménage, un cheminot, un chauffeur de taxi, un acteur.

   exemple Un boulanger travaille à la boulangerie à faire du pain.

10. **Donnez le métier de ces gens et dites comment ils sont allés à Nice.**

   exemple Cet astronaute est allé à Nice en avion.

Questions

1. Quels moyens de transport emploieriez-vous pour aller à Paris?
2. Décrivez le trajet que vous faites le matin pour aller à l'école.
3. Qu'est-ce qu'il faut faire avant de voyager par le train?
4. Qu'est-ce que c'est qu'un carnet de billets?
5. Quels sont les avantages et inconvénients de faire de l'autostop?
6. Quels sont les moyens de transport qu'on pourrait utiliser dans Paris?
7. Que font les gendarmes de la route?
8. Décrivez comment une lettre, mise à la poste à Lyon, arrive chez vous.
9. Quels sont les avantages et inconvénients d'être le propriétaire d'une voiture?
10. Quel moyen de transport public préférez-vous? Pourquoi?

Quelques moyens de transport

Regardez les moyens de transport ci-dessous.
De quel siècle sont-ils?
Lesquels sont les plus modernes?   Lesquels sont les plus anciens?

la fusée    *la voiture d'enfant*    *la péniche*    *le carrosse*

l'autorail    *l'aéroglisseur*    *l'hélicoptère*    *l'aérotrain*

le fiacre    *le paquebot*    *le turbo-réacteur*    *le téléphérique*

EXAMEN 3

Read the following passage carefully. Do not write a translation, but answer the questions printed beneath it.

An untimely breakdown

Les deux jeunes gens descendirent du train et se dirigèrent vers la sortie de la gare. Pas de voiture ! Sans attendre, ils se mirent en route pour Dunes, courbés sous le poids de leurs sacs.

— Où donc est Martine ? gronda Daniel. Elle nous a bien écrit : 'Ne vous inquiétez surtout pas. Dunes est situé à quatre kilomètres du village, mais nous serons à la gare, père et moi, avec la voiture.'

— Hé ! regarde là-bas ! Une voiture en panne ! Et voilà Martine qui vient nous aider à porter nos sacs !

Quelques minutes plus tard, les trois jeunes gens échangeaient une poignée de main. Aussi grande que les deux garçons, Martine était déjà très bronzée.

— Je suis désolée, pour vous deux ! Avouez que ce n'est vraiment pas de chance ! expliqua-t-elle. Une panne stupide à moins d'un kilomètre du village. Et nous étions déjà un peu en retard, père et moi ! Avec cette chaleur, vous devez être fatigués, vos sacs sont lourds. Papa est très vexé !

— Il a tort, répliqua aimablement Michel. Une petite promenade ne nous a pas fait de mal, après le voyage.

Tout en bavardant, ils repartirent vers la voiture. Monsieur Deville avait visiblement cessé de s'intéresser au moteur. La cause de la panne dépassait sans doute sa compétence. A côté du capot ouvert, il attendait, ne sachant trop quoi faire de ses mains couvertes d'huile, l'arrivée de sa fille et de ses invités.

— Je ne vous donne pas la main, dit-il, mais le cœur y est ! Vous feriez aussi bien de gagner Dunes tout de suite. Martine, tu vas prévenir Martial au garage de venir me prendre en remorque.[1] Laissez donc vos sacs ici. Martial les prendra dans sa voiture en me reconduisant à la maison.

Ils reprirent la route et arrivèrent assez vite en vue de la villa. Une jolie maison blanche, à volets bleus, émergeait d'un parc d'arbustes vigoureux. Au premier étage, on apercevait des fleurs aux fenêtres. 'Finiterre' offrait un aspect vraiment agréable qui plut immédiatement aux deux jeunes gens. Martine, qui les regardait du coin de l'œil, fut heureuse de les voir sourire.

— Compliments, Martine ! dit sobrement Daniel.
— 'Finiterre' est bien jolie ! ajouta Michel.

Ils atteignirent bientôt la barrière blanche qui fermait le parc. Madame Deville, une jeune femme blonde, à qui Martine ressemblait beaucoup, apparut sur le seuil. Elle portait un petit tablier et s'essuyait les mains à un torchon de cuisine.

— Vous arrivez à pied ? Que se passe-t-il, Martine ? leur cria-t-elle. Il n'est rien arrivé de grave à ton père ?

[1] en remorque, *in tow*

Answer in FRENCH the following questions.

1. A quelle saison de l'année cet épisode se passe-t-il, et comment le sait-on ?
2. Pourquoi Martine et son père allaient-ils au village ?
3. Pourquoi Martine était-elle désolée ?
4. Pourquoi Monsieur Deville ne serre-t-il pas la main aux deux jeunes gens ?
5. Qu'est-ce qui a fait venir Michel et Daniel à Dunes ?
6. Pourquoi Monsieur Deville a-t-il besoin de Martial ?
7. Qu'est-ce qu'il y a d'agréable dans l'aspect de 'Finiterre' ?
8. Pourquoi Martine regardait-elle Michel et Daniel du coin de l'œil pendant qu'ils s'approchaient de 'Finiterre' ?
9. Qu'est-ce qui vous indique que les Deville n'ont pas de domestique ?
10. Répondez aux questions de Madame Deville comme si vous étiez Martine.

Oxford and Cambridge

LE SIEGE DE PARIS 1870-71

L'unification de l'Allemagne en 1866 opposa la France et l'Allemagne. La paix régna pendant quatre ans, mais le 19 juillet 1870, l'empereur Napoléon III, croyant que l'armée française était plus forte que celle de l'Allemagne, déclara la guerre à la Prusse. Il s'était trompé. L'armée allemande, commandée par le prince de Bismarck, Chancelier de l'Empire allemand, vainquit l'armée française dans plusieurs grandes batailles. Le 2 septembre, les Français furent vaincus à Sedan. Napoléon III, neveu du grand Napoléon, capitula et fut fait un prisonnier allemand. Le 19 septembre, les Allemands arrivèrent devant les portes de Paris. Le siège de Paris avait commencé.

Léon Gambetta

LES DATES PRINCIPALES

le 19 juillet 1870	La France déclare la guerre à la Prusse.
le 2 septembre 1870	Capitulation, à Sedan, de l'empereur Napoléon III.
le 4 septembre 1870	Proclamation de la Troisième République par le peuple de Paris.
le 19 septembre 1870	L'armée allemande arrive devant Paris.
le 19 septembre– le 28 janvier 1871	Le Siège de Paris.
le 28 janvier 1871	Capitulation de Paris. Fin de la guerre franco-allemande.

La fuite de Gambetta

Il fut décidé, pendant les premiers jours du siège, que Léon Gambetta, un des députés de Paris, devrait essayer de s'échapper en ballon, pour organiser la résistance en province. On fixa son départ au 5 octobre. Mais ce n'est que le 7 au matin, que son ballon, *l'Armand Barbès*, s'éleva de la Place Saint-Pierre à Montmartre. Victor Hugo décrit la scène dans son journal :

...Ce matin, en errant sur le boulevard de Clichy, j'ai aperçu, au bout d'une rue entrant à Montmartre, un ballon. J'y suis allé. Une certaine foule entourait un grand espace carré, muré par les falaises à pic de Montmartre. Dans cet espace se gonflaient trois ballons, un grand, un moyen et un petit. Le grand, jaune; le moyen, blanc; le petit, à côtes, jaune et rouge.

On chuchotait dans la foule : «Gambetta va partir!» J'ai aperçu, en effet, dans un gros paletot, sous une casquette de loutre, près du ballon jaune, dans un groupe, Gambetta. Il s'est assis sur un pavé et a mis des bottes fourrées. Il avait un sac de cuir en bandoulière. Il l'a ôté, est entré dans le ballon, et un jeune homme, l'aéronaute, a attaché le sac aux cordages, au-dessus de la tête de Gambetta.

Il était dix heures et demie. Il faisait beau. Un vent du sud faible. Un doux soleil d'automne. Tout à coup le ballon jaune s'est enlevé avec trois hommes aussi, dont un agitait un drapeau tricolore. Au-dessous du ballon de Gambetta pendait une flamme tricolore. On a crié : «Vive la République!»

Le ballon dans lequel Gambetta s'échappa de Paris. Quatre jours plus tard, on reçut la nouvelle que Gambetta avait atterri sain et sauf à Epineuse, près d'Amiens.

LE JOURNAL DE VICTOR HUGO

Victor Hugo, l'un des écrivains français les plus célèbres du XIXe siècle, adversaire irréconciliable de Napoléon III, demeura en exil en Belgique de 1851 à 1870. Après la capitulation de l'Empereur, il rentra à Paris le 4 septembre et fut accueilli avec joie par les citoyens. Dans son journal, *Choses Vues*, publié après sa mort en 1885, il décrit les conditions de la vie parisienne pendant le siège.

En voici quelques extraits:

Victor Hugo

le 29 septembre	Il n'y a plus d'œufs dans Paris. Le lait aussi manque.
le 2 octobre	Paris se démolissant lui-même pour se défendre est magnifique. Il fait de sa ruine sa barricade.
le 15 octobre	Il n'y a plus de beurre. Il n'y a plus de fromage.
le 22 octobre	Nous mangeons du cheval sous toutes les formes. «De ces bons animaux la viande me fait mal, J'aime tant les chevaux que je hais le cheval.»
le 1er décembre	Nous avons mangé de l'ours.
le 3 décembre	Hier nous avons mangé du cerf; avant-hier de l'ours, les deux jours précédents, de l'antilope. Ce sont des cadeaux du Jardin des Plantes.
le 13 décembre	Paris est depuis hier soir éclairé au pétrole.
le 24 décembre	Paris ne mange plus que du pain bis.
le 25 décembre	Un dindon vivant a été vendu 250 francs.
le 30 décembre	Hier j'ai mangé du rat. A partir de la semaine prochaine on ne blanchira plus le linge dans Paris, faute de charbon. Ce n'est même plus de cheval que nous mangeons. C'est *peut-être* du chien? C'est *peut-être* du rat? Je commence à avoir des maux d'estomac. Nous mangeons de l'inconnu.
le 4 janvier	De mardi à dimanche, les Prussiens nous ont envoyé vingt-cinq mille projectiles. Il a fallu pour les transporter deux cent vingt wagons. Chaque coup coûte 60 francs; total 1 500 000 francs. Il y a eu une dizaine de tués. Chacun de nos morts coûte aux Prussiens 150 000 francs.
le 12 janvier	Nous avons mangé ce matin un beef-steak d'éléphant.
le 13 janvier	Un œuf coûte 2F75. La viande d'éléphant coûte 40F la livre. Un sac d'oignons, 800 francs.
le 18 janvier	J'émiette aux poules notre pain noir. Elles n'en veulent pàs.
le 29 janvier	L'armistice a été signé hier. Il est publié ce matin.

La queue pour la viande de rat.

Dernier cri

4

LA BOUTIQUE *Dans le Vent*

Ouverture jeudi
à neuf heures

Tout pour les copains
et les copines
PRIX CHOC!
Vous payez un
Vous emportez deux!

A peine Françoise était-elle entrée dans le bureau de la Bande que le téléphone sonna. Elle en fut un peu surprise, car elle était arrivée de très bonne heure ce matin-là, afin de pouvoir faire ses comptes avant l'arrivée des autres. Avant de décrocher, elle jeta un coup d'œil à sa montre. Il était huit heures précises.
— Allô, ici La Bande à Tout Faire. Qui est à l'appareil?
— C'est toi, Françoise? Ici Carole. J'essaie de te joindre depuis une heure; je suis dans une situation très difficile, mais j'espère que tu pourras m'aider à en sortir.
— Mais qu'est-ce qu'il y a, Carole? répondit Françoise, qui avait reconnu la voix très agitée d'une de ses amies, Carole Gauthier.
— Tu sais que je vais ouvrir une boutique de modes pour filles et garçons, n'est-ce pas?
— Oui, tu m'en as parlé plusieurs fois.
— Eh bien, l'ouverture est fixée à après-demain. Il y a des affiches partout, des annonces vont paraître dans tous les quotidiens parisiens et j'ai invité des dizaines d'amis, des vedettes, des journalistes et des photographes!
— Alors, qu'est-ce qu'il y a qui ne va pas?
— Mes deux amies, Hélène et Monique, qui devaient m'aider, sont toutes les deux malades, et je n'ai pas pu embaucher des vendeuses. Il faut absolument que j'ouvre cette semaine. Est-ce que votre agence peut me dépanner?
— Je crois que oui, Carole, mais donne-moi quelques détails, s'il te plaît. Je ferai de mon mieux pour t'aider.

1. Pourquoi Françoise fut-elle surprise quand le téléphone sonna?
2. A quelle heure est-ce que Carole avait commencé à appeler Françoise?
3. Pourquoi Carole était-elle agitée?
4. Qui devait assister à l'ouverture de la boutique?
5. Pourquoi Hélène et Monique ne pourraient-elles pas aider Carole?

4

Conversations

A.
Voici les notes que Françoise a écrites. Imaginez la conversation au cours de laquelle Carole explique son problème à Françoise. Qu'est-ce que Françoise a demandé à Carole pour obtenir ces renseignements?

> Tâches — aller chercher marchandises
> — ranger robes, etc.
> — marquer prix
> — vendre, emballer, livrer
> — renseigner clients
>
> Durée — trois jours (9h–7h, avec 1h½ pour déjeuner) jusqu'au retour d'Hélène et de Monique
>
> Nombre de personnes — deux filles
> deux garçons

Quand Sylvie arriva au bureau une heure plus tard, Françoise était déjà partie. Elle avait laissé des fiches pour Sylvie, Guy et Jean-Luc, qui devaient la rejoindre à la boutique 'Dans le Vent'. Sylvie téléphona aux garçons pour les mettre au courant. Ils partirent tout de suite et retrouvèrent Françoise, qui était déjà en train de mettre de l'ordre dans la boutique.

B. Remplissez la fiche pour les copains. Imaginez la conversation de Sylvie et de Guy, au cours de laquelle ils parlent des boutiques et des modes.

C. *A la boutique. Les quatre membres de la Bande sont en train d'aider Carole à faire les derniers préparatifs avant l'ouverture de la boutique.*

CAROLE   Guy et Jean-Luc, voulez-vous descendre toutes ces boîtes au sous-sol, s'il vous plaît? C'est là qu'on va ouvrir le rayon des pantalons et tricots.

GUY   D'accord, Carole. Mais, en ce moment, le sous-sol est rempli de jupes et de robes.

CAROLE   Zut, il faut les monter au premier étage.

SYLVIE   Françoise vient d'arriver avec des centaines de chapeaux.

CAROLE   Veux-tu l'aider à les rentrer, Sylvie?

Modèles

A.

| à peine | Françoise
Carole
Sylvie
la vendeuse | était-elle | arrivée
entrée
rentrée
sortie | que | le téléphone sonna
les premiers clients arrivèrent
la porte s'ouvrit
le facteur apporta un gros paquet |

B.

| mes amis
les copains
Jean-Luc et Guy
Paul et Marie-Claire | devaient
allaient
voulaient | m'aider
me rejoindre
travailler avec moi | mais ils | sont malades
doivent rester à la maison
n'ont pas le temps |

4

D. *Enfin c'est l'ouverture. Une foule énorme se trouve devant les vitrines de la boutique en attendant le moment de l'ouverture. Quand les portes sont ouvertes, c'est Guy et Sylvie qui donnent des renseignements aux clients.*

UN GARÇON	Dites-moi, est-ce qu'on trouve des vêtements anglais ici?
GUY	Oui, nous avons les dernières créations importées de Londres – à gauche, au fond de la boutique.
UNE FILLE	Est-ce que les modes pour filles sont au rez-de-chaussée?
SYLVIE	Il y en a un peu partout. Si vous voulez, vous pourrez essayer les vêtements pour garçons. Nous avons des chemises de coton très chics.
UNE FEMME DE 40 ANS	Je cherche un cadeau pour mon fils. Il aime les foulards en soie.
GUY	Vous en trouverez à droite, près de l'entrée, à côté du rayon des bijoux, madame.

E. *Françoise sert une jeune fille un peu grosse, qui a envie de s'offrir une mini-robe très courte.*

LA CLIENTE	Oh, celle-ci me va à merveille, vous ne trouvez pas?
FRANÇOISE	Euh, si; mais, à mon avis, vous seriez mieux avec celle-là.
LA CLIENTE	Laquelle? Oh, la bleue; mais elle ne me plaît pas du tout. Elle est trop longue.
FRANÇOISE	Mais elle irait à merveille avec vos yeux. Elle est faite pour vous, croyez-moi.
LA CLIENTE	Vous croyez? Vous avez peut-être raison. Je vais l'essayer. Mais d'abord, voudriez-vous m'aider à enlever celle-ci, s'il vous plaît? Je ne comprends pas pourquoi c'est si difficile.

F. Jean-Luc sert un garçon qui s'enthousiasme pour un pantalon fait pour un géant; Sylvie aide une jeune fille à choisir un chapeau. Celui qu'elle veut acheter lui donne un air de grande dame de soixante ans. Imaginez les conversations.

Modèles

C.

je	crois pense suis sûr	que	je peux vous donner ce que vous cherchez cette robe vous va à merveille nous allons réussir Carole a embauché des vendeuses

D.

je	ne	crois pense dis	pas	que	je puisse venir ce soir tu doives acheter cette robe nous ayons assez d'argent

A la boutique

Françoise et ses copains ont dû répondre à beaucoup de questions et donner toutes sortes de renseignements aux clients, qui sont venus très nombreux à la boutique. Ils ont appris très vite qu'il n'est pas facile d'être vendeur ou vendeuse; il faut s'y connaître en modes, en tissus, en pointures.

Quelle est votre tour de taille?

Du combien coiffez-vous?

Vous chaussez du combien?

Quelle est votre encolure?

Les clients ont voulu acheter des vêtements de tous les styles, de toutes les couleurs et en toutes sortes de tissus...

— **Je voudrais une chemise**

en coton
en soie
en nylon
en lin
en laine

— **Je voudrais**

un gilet long
une tunique indienne
un foulard imprimé

— **J'aurais voulu quelque chose**

de plus foncé
de plus clair
de moins cher
de plus gai
du style italien

— **J'adore le style gitane**

— **Je cherche une robe pour la plage – en éponge**

— **Y a-t-il une robe assortie à ce maillot?**

— **Vous n'en avez pas en tissu rayé?**

à carreaux?

uni?

avec des dessins géométriques?

à petites fleurs?

— **Vous avez**

des blue-jeans en velours?

des ensembles-pantalon en jersey?

des blousons en nylon?

des jupes en ciré jaune?

des bijoux en plastique?

des ceintures en vinyl?

des sacs en cuir?

des perruques en nylon?

des espadrilles brodées?

des colliers en perles de bois?

Un grand magasin 4

Explication

[1] abri pour les abeilles
[2] rayon où on vend des casseroles, des poêles, etc.
[3] rayon où on vend des chapeaux
[4] espèce de tissu imprimé
[5] bureau où on fait les comptes
[6] sous le toit
[7] qui a quarante ans
[8] magasin où les employés peuvent faire leurs achats à bon marché
[9] = to gnaw, nibble, i.e. the escalator rises slowly
[10] grandes fenêtres ou galeries vitrées
[11] dernier
[12] = spider's web
[13] enveloppe protectrice
[14] = milky
[15] s'éveiller
[16] rayon où on vend des lampes, des abat-jour, etc.
[17] = subscriptions
[18] rayon où on vend des meubles
[19] = dress-shields

Dix mille employés, dont six mille femmes, presque toutes jeunes et charmantes, vont entrer, chacun gagnant, du troisième sous-sol, à quinze mètres sous terre, au septième étage dans le ciel, sa table et son comptoir, l'un des cent cinquante rayons de l'immense ruche,[1] de la quincaillerie[2] à la bonneterie[3] pour dames, et de l'indienne[4] aux soies légères. Celui-ci grimpera à la comptabilité,[5] sous les combles,[6] celui-là descendra sous le trottoir, à la manipulation de la vaisselle. Cette jolie brune est à la vente directe, sa camarade à la correspondance. Cette blondinette court aux paiements, ce quadragénaire[7] à l'économat[8]...

J'entre. L'escalier roulant commence à grignoter[9] les étages et les ascenseurs s'envolent vers les verrières.[10] Aux portes, les inspecteurs contrôlent les entrées. Les pompiers achèvent l'ultime[11] ronde, les rideaux de fer sont relevés. Et, sur toutes les tables, sur tous les mannequins, sur toutes les vitrines, s'étale, comme une toile d'araignée,[12] la housse[13] grise qui protège, durant la nuit, les marchandises. La ruche s'éveille, entre les panneaux laiteux[14] des glaces. Les rayons s'animent.[15] C'est un monde: une ville inconnue dans la ville.

Layettes, ganterie, chaussures, éclairage[16] ou verrerie. Banque, coiffure, abonnements[17] de théâtre, chèques postaux, photographie, tickets de tourisme, salon de thé, galerie d'art, hôtels même, au choix. Tricots pour dames? Voici! Voitures d'enfants? Voilà! Articles de ménage? Au sous-sol! Ameublement?[18] Cinquième étage, ascenseur! Costume tailleur? Deuxième galerie! Restaurant? Voyez terrasse! Un taxi? Oui, madame! Articles pour fumeurs? Le rayon d'en face! Librairie? Rez-de-chaussée à droite! Confiserie? Rayon 88! Dessous de bras?[19] Tout de suite à gauche! Quincaillerie? Voyez ménage!

Tout ce qu'on veut, tout ce qu'il faut et le reste. – Et, quand les piscines seront à la mode, nous en aurons.

Une règle: – La cliente a toujours raison.

Un mot d'ordre: – Dire oui!

Un souci: – Vendre!

Un langage: – Oui, madame, certainement, madame, j'ai ça, madame.

Emmanuel Bourcier, *Demoiselles de magasin* (abrégé), Baudinière

1. What details indicate the time of day?
2. With what is the store compared? Why?
3. Where would one go to buy a book?
4. What services are offered, in addition to the sale of goods?
5. What attitude must the sales staff adopt?

Compositions

A. Vous venez d'être embauché vendeur ou vendeuse dans un grand magasin. Ecrivez une lettre à un(e) ami(e), pour lui décrire votre première journée.
B. Jean-Luc a passé une semaine comme chauffeur-livreur pour un grand magasin. Décrivez son travail: quelles sortes de marchandises a-t-il dû livrer? Où a-t-il dû aller?

Problèmes

1. Au supermarché

a) Que fait l'enfant assis dans le chariot? Est-ce que sa mère l'a remarqué? Qu'est-ce qu'elle va dire? Que va faire le gérant?

b) Imaginez une conversation entre un inspecteur et un client qu'il vient d'attraper en train de voler un transistor. Le client dit qu'il a l'intention de payer le poste. L'inspecteur ne le croit pas. Il va appeler la police. Le client offre de lui donner une grosse somme d'argent. Est-ce que l'inspecteur est honnête…?

2. On se plaint

a) La cliente veut échanger la robe qu'elle avait achetée pour sa fille, parce qu'elle est trop petite. D'ailleurs la fille voudrait avoir une robe en éponge, et celle-ci est en nylon. Le chef du rayon ne veut pas échanger la robe, parce que la cliente l'a lavée à la machine. Il croit que la fille a déjà porté la robe plusieurs fois. La cliente insiste; elle veut parler au directeur. Le chef du rayon raconte l'incident à sa femme. Qu'est-ce qu'il lui dit?

b) Imaginez une conversation entre une vendeuse et un garçon qui veut échanger contre un livre un disque dont on lui a fait cadeau. Mais il l'a déjà joué sur son électrophone. D'ailleurs on n'échange jamais les disques et ici, on ne vend pas de livres.

3. On choisit une lampe

Le mari préfère la lampe qui se trouve à gauche. Sa femme aime celle de droite. Elle trouve que l'autre est trop grande, trop chère, trop moderne.

Le couple n'est jamais d'accord. Ils vont choisir un fauteuil, mais celui que la femme préfère est trop petit pour le mari. Imaginez leur dispute.

4. Pourquoi pas un scooter?

La jeune fille aime bien son vieux vélomoteur, qui marche toujours bien. Mais le vendeur essaie de la persuader d'acheter un scooter. C'est plus chic, plus moderne, plus confortable. On peut emmener quelqu'un sur le siège arrière, on peut transporter ses affaires. Mais la jeune fille ne veut pas trop dépenser en ce moment. Elle va donc attendre un an. Elle pourra alors s'offrir une voiture. Imaginez la discussion.

Argent de poche   4

Le questionnaire suivant a été remis à un groupe d'élèves des lycées Victor Hugo et Pasteur, les deux lycées de garçons et de filles du centre de la ville de Besançon. Les chiffres cités ne sont peut-être pas décisifs, mais les réponses permettent de penser que les opinions qu'elles représentent reflètent l'attitude de la génération actuelle à propos de l'argent de poche.

QUESTIONNAIRE
1. Avez-vous de l'argent de poche? . . . .
    Depuis quel âge? . . . .
    Voudriez-vous en avoir? . . . .
2. Si vous en avez, comment le procurez-vous? . . . .
3. Etes-vous satisfait de la manière dont vous recevez cet argent? . . . .
    Combien en recevez-vous? . . . .
    Combien aimeriez-vous en recevoir? . . . .
    Combien vos camarades en ont-ils? . . . .
4. Etes-vous satisfait de la manière dont vous utilisez cet argent? . . . .
    Etes-vous libre de l'utiliser comme il vous plaît? . . . .

Demandez-vous conseil à vos parents? . . . .
Vous conseille-t-on? . . . .
Que faites-vous de cet argent? . . . .
    Le conservez-vous? . . . .
    Faites-vous des économies? . . . .
    Dépensez-vous au fur et à mesure? . . . .
    Achetez-vous des choses utiles (vêtements, ... manuels de classe, ... chaussures . . . .)? . . . . . .
    L'utilisez-vous pour vos loisirs (disques, ... cinéma, ... vacances . . . . . .)?
Faites-vous des cadeaux? . . . .
    A qui? . . . .
Vos parents critiquent-ils votre façon de dépenser? . . . . . .

Qui a répondu au questionnaire?
▶ Seize filles de douze à quinze ans.
▶ Deux filles et huit garçons de dix-sept ans.
▶ Huit filles et huit garçons de dix-huit à vingt ans.

Faits et chiffres

1. Plus des trois quarts des jeunes gens en-dessous de dix-huit ans, et tous ceux qui ont dépassé cet âge, déclarent disposer d'argent de poche. Ceux qui déclarent n'en pas avoir voudraient tous en avoir. Le tournant des dix-huit ans semble donc correspondre à une étape importante. Une réponse intéressante est celle d'une fille qui répond qu'elle n'a pas d'argent de poche, et précise par la suite que ses parents lui donnent de l'argent, mais qu'à son avis, il ne s'agit pas d'argent de poche parce qu'elle ne peut pas en disposer à son gré.

   L'âge auquel les jeunes ont commencé à recevoir de l'argent de poche permet de distinguer trois groupes: entre 7 et 11 ans, entre 12 et 15 ans, et en plus de 15 ans. Le deuxième groupe est de beaucoup le plus important; or, 11–12 ans, c'est l'âge où l'on entre au lycée.

2. La majorité reçoit cet argent de façon régulière – une somme fixe remise au jeune le plus souvent chaque semaine, quelquefois tous les quinze jours ou tous les mois. Le nombre des jeunes âgés de 12 à 15 ans, qui reçoivent seulement de l'argent irrégulièrement, en récompense de résultats scolaires ou de services rendus à la maison, égale celui de ceux qui reçoivent une allocation régulière; mais on n'en trouve pratiquement plus dans les deux autres groupes de lycéens et lycéennes plus âgés.

3. **Combien d'argent reçoivent-ils?**

âge	moyenne par mois	maximum et minimum par mois
12–15 ans	10F	1 à 20F
17 ans	30F	moins de 10 à 60F
18–20 ans	80F	10 à 120F

CAISSES D'EPARGNE ET DE PREVOYANCE :

des économies qui poussent bien

Quand j'achète,
je paie comptant,
sans histoire

4

On ne peut pas tenir compte des réponses à la question : combien vos camarades reçoivent-ils d'argent ? parce qu'elles varient trop et qu'elles semblent peu dignes de foi ; la majorité des jeunes sont satisfaits des sommes qu'ils reçoivent ; ceux qui en voudraient davantage ont *tous* des prétentions inattendues de la part de jeunes de leur âge.

4. **Tous déclarent en trouver aisément l'utilisation.**

> la moitié des jeunes âgés de 12 à 15 ans
> 3 sur 7 des jeunes de 17 ans
> 2 sur 15 des jeunes âgés de 18 à 20 ans

L'esprit d'indépendance s'accroît donc nettement avec l'âge.

Demandent conseil à leurs parents pour leurs dépenses :

Ceux que leurs parents conseillent pour leurs dépenses se répartissent ainsi :

> 10 sur 13 des jeunes de 12 à 15 ans
> 5 sur 7 des jeunes de 17 ans
> 4 sur 15 des jeunes de 18 à 20 ans

La progression est donc parallèle à la précédente, avec une différence cependant : le nombre des parents qui conseillent leurs enfants est toujours plus grand que celui des enfants qui demandent conseil à leurs parents. Dans la grande majorité des cas, les parents ne critiquent jamais la façon dont leurs enfants dépensent leur argent.

La grande majorité des jeunes ayant participé à l'enquête dépensent leur argent de poche au fur et à mesure. Ceux qui déclarent faire des économies ne sont pas rares, mais la notion même d'économies varie beaucoup ; deux seulement parlent de la Caisse d'Epargne ; pour les autres, il s'agit de mettre de l'argent de côté en vue des vacances ou d'un achat important. Ceux qui achètent des choses utiles avec leur argent de poche ne sont pas rares non plus, mais en nette minorité, et plusieurs déclarent : Ce sont mes parents qui achètent toutes les choses utiles. Seuls les membres du groupe de 12 à 15 ans sont nombreux à faire des cadeaux. **C'est aux loisirs qu'est consacrée la majeure partie de l'argent de poche ; les instruments de loisirs les plus souvent cités sont par ordre : les disques, le cinéma, les livres, les boissons (pour les garçons de 18 à 20 ans), les vacances.**

A noter – deux réponses intéressantes données par deux filles :
l'une :
Mes parents voudraient savoir ce que j'en fais, mais je ne le leur dis pas, sinon cela devient ridicule et sans intérêt d'avoir de l'argent de poche.
l'autre :
Je suis souvent indécise et je demande conseil à des camarades.

Opinions

La plupart des jeunes ayant participé à l'enquête sont satisfaits de la manière dont ils reçoivent leur argent de poche et, dans tous les groupes, ceux qui sont satisfaits sont, la plupart du temps, ceux qui déclarent recevoir de leurs parents une allocation régulière. Cinq seulement sont satisfaits, bien qu'ils reçoivent de l'argent irrégulièrement. Sur les huit qui ne sont pas satisfaits, cinq précisent que c'est parce qu'ils reçoivent leur argent irrégulièrement, une fille parce qu'en outre, elle ne peut disposer librement de son argent, et une autre (de 18 ans) parce qu'elle le reçoit en récompense de services rendus à la maison. « Nous ne faisons pas », dit-elle, « une bonne action pour de l'argent ; cela peut vous inciter à aider simplement pour être récompensé. » En revanche, une autre fille du groupe des jeunes de 12 à 15 ans, qui reçoit pourtant son argent de poche de la même façon que la précédente, précise : « Je suis satisfaite, car je ne reçois de l'argent que si je l'ai mérité. »

Exercices

4

installer	prendre
emporter	descendre
rentrer	poser
chercher	ranger
mettre	ramasser
jeter	enlever
monter	essuyer

1. Complétez ces phrases en employant le verbe qui convient.

1. Les paquets sont au grenier. Il faut les . . . . . . au rez-de-chaussée.
2. On a livré le réfrigérateur. Aidez-moi à l'. . . . . . dans la cuisine.
3. Nous avons besoin d'une deuxième bouteille de vin. Va en . . . . . . une dans la cave.
4. J'ai laissé mes outils au sous-sol. Jacques les . . . . . . plus tard.
5. Cette chemise est salie. . . . . . .-la dans la machine à laver.
6. Et . . . . . .-en une autre dans ton tiroir.
7. Le comptoir est couvert de poussière. Tu aurais dû l'. . . . . .
8. Pierre est parti encore une fois sans . . . . . . ses affaires.
9. Carole avait laissé les chapeaux ici. Qui les a . . . . . . ?
10. Ne laisse pas ces valises sous la pluie. . . . . . .-les tout de suite.

2. Faites une seule phrase en imitant le modèle.

exemple Sylvie est arrivée. Françoise est déjà partie.
Quand Sylvie est arrivée, Françoise était déjà partie.

1. Nous sommes arrivés. Les filles sont déjà parties.
2. Les copains sont sortis. L'autobus est déjà parti.
3. J'ai quitté la maison. La bande s'est déjà réunie.
4. Mme Giraud est descendue. Son mari est déjà rentré.
5. Je me suis levé. Tout le monde est déjà sorti.

exemple Françoise venait d'entrer. Le téléphone sonna.
A peine Françoise était-elle entrée que le téléphone sonna.

6. Sylvie venait d'arriver. Le téléphone sonna.
7. Jacques venait de sortir. Le facteur arriva.
8. Paul venait de s'asseoir. La chaise se cassa.
9. Jean-Luc venait de se coucher. On frappa à la porte.
10. Carole venait d'allumer la télévision. Il y eut une panne d'électricité.

3. En répondant aux questions, ajoutez des détails à cette petite histoire.

🎧 **5.** Michel et la Bande Junior ont ouvert une boutique, eux aussi. Ecoutez l'histoire, puis répondez aux questions.

Françoise est allée en ville. Quand? Pourquoi? Avec qui? Comment?

Elle a acheté une robe. Où? A quel prix? De quel style? De quelle couleur? En quel tissu?

Elle l'a perdue. Où? Comment? Quand?

Finalement, qu'est-ce qui s'est passé?

🎧 **4.** Vous allez entendre deux fois une conversation entre une vendeuse et une cliente dans un grand magasin. Ensuite vous entendrez une phrase et vous écrirez *vrai* ou *faux*, selon le cas.

EXAMEN 4

1. Listen to the passage which your teacher will read to you. At the end you will have to answer in French questions in French on the passage. Your teacher will give you full instructions about the test.
   The passage is entitled

   Night-watchmen cannot afford to be soft-hearted

   Oxford

2. Translate the following passage into English. Mistakes in grammar and spelling will be penalized.

   Planning the Holiday

   Dans le salon de la famille Bernard, on parlait des vacances.
   — Alors, Michel, demanda Madame Bernard qui tricotait tranquillement dans un fauteuil. As-tu fait ton choix? Où allons-nous cet été? Tu te rappelles que j'ai une forte aversion pour les montagnes?
   — En effet, ma chère, répondit son mari, en consultant une grande carte de France, étalée sur la table. Mais, comme nous n'avons jamais été sur la Côte d'Azur, je pensais qu'on pourrait y aller camper.
   Madame Bernard resta silencieuse un bon moment. C'était évidemment un projet pour lequel elle ne ressentait pas le moindre enthousiasme.
   — Et s'il pleut? protesta-t-elle. Et s'il fait du vent? Et même de l'orage? Quoi alors? J'ai souvent entendu parler de campeurs qui reviennent tout à fait épuisés après des nuits sans sommeil. Et puis moi, j'aime bien le confort. Je veux absolument loger dans un hôtel.
   — Mais, Elise, dit le mari. Tu oublies les enfants. L'hôtel ce n'est pas pour eux. La vie en plein air ne peut leur faire que du bien, crois-moi. Ça leur plaira énormément, d'errer pieds nus sur la plage, toute la journée. Tu verras, ils en reviendront sains et dorés. Il n'y a rien à craindre.
   Madame Bernard se laissa enfin convaincre.
   — C'est bon, déclara-t-elle. Puisque tu en es si sûr je ne m'y oppose plus.

   A.E.B.

3. Write in French an essay of about 200 words on one of the following subjects:
   a. Vous commencez à apprendre à nager et à plonger – Le professeur de natation se moque de vos efforts – Un accident – Vous vous retrouvez à l'hôpital – Le lendemain, on apporte le professeur de natation dans le lit voisin.
   b. Un jour, rentré(e) de la ville où vous avez fait des commissions, vous videz votre sac de provisions, et vous vous apercevez que ce n'est pas votre sac. Comment cela est-il arrivé, et qu'est-ce que vous faites?
   c. Des voisins désagréables.

   A.E.B.

Encore une voiture

5

«C'en est trop. Je n'en peux plus», s'écria Françoise un jour. Ce cri désespéré était provoqué par le tas de fiches qu'elle trouva en entrant dans son bureau. La section 'Livreurs' avait trente-six missions à accomplir, mais elle ne disposait pas des moyens nécessaires pour les effectuer. Elle avait à sa disposition la camionnette de Paul, une moto et deux vieux vélos. Avec ce matériel et quatre employés, dont deux à mi-temps, il était tout à fait impossible de faire tout ce qu'il y avait à faire. Françoise était presque en larmes quand Guy entra, brandissant un numéro récent de *France-Soir*.

— Hé, Françoise. Il me vient encore une bonne idée. Pourquoi ne pas acheter une petite voiture? Nous pourrions faire les livraisons beaucoup plus rapidement.

— Nous en avons certainement besoin, dit Françoise. Nous avons les moyens d'en acheter une, puisqu'on vient de nous payer les travaux que nous avons faits le mois dernier. Mais pas une voiture neuve. Ce serait trop cher.

— Non, reprit Guy. Ce qu'il nous faut, c'est une petite camionnette d'occasion.

— Mais regarde-moi ça, s'écria Françoise, en montrant du doigt une annonce sur la page des petites annonces. C'est parfait. Une camionnette 4CV, et pas trop chère, si le moteur marche toujours.

— Je m'y connais en moteurs, continua Guy. Je pourrai vite le mettre en état, si besoin est... Et mon ami Gaston travaille dans un garage. Il pourra sans doute m'aider.

— Très bien, dit Françoise. Va voir cette camionnette tout de suite. Et si ton ami Gaston peut t'accompagner, tant mieux. Mais essaie de marchander un peu. Ne dis pas tout de suite que tu t'y intéresses trop.

— Mais si c'est une véritable occasion, je l'achète, n'est-ce pas?

— D'accord, répondit Françoise, et, un peu rassurée maintenant, elle se mit au travail.

AUTOS D'OCCASION
VENDS 4CV camionnette, excellent état, 4 ans, gris clair, 40 000 km, bons pneus, crédit possible, au prix intéressant de 600F.

Rabel, 5, ave Le Nôtre, Paris 16ᵉ.

1. Pourquoi Françoise était-elle au désespoir?
2. Quelles étaient les difficultés de la section 'Livreurs'?
3. Pourquoi Guy avait-il un numéro de *France-Soir* à la main?
4. Pourquoi est-ce que Françoise avait assez d'argent pour acheter une voiture?
5. Pourquoi Gaston pourrait-il aider la Bande?

Conversations

5

Handwritten list:

> rapport sur la 4 CV.
> difficile de mettre en marche arrière
> consomme trop d'huile
> bougies à nettoyer
> phares à régler
> un feu arrière manque
> un ressort cassé
> une aile défoncée
> embrayage et direction à vérifier
> gonfler la roue de secours
> vérifier assurance

A. *Guy vient d'acheter la camionnette. Il revient au Relais du Midi, où Françoise l'attend, impatiente d'examiner la nouvelle voiture.*

FRANÇOISE Tu l'as enfin achetée? Combien?

GUY Cinq cent cinquante francs. C'est une véritable occasion.

FRANÇOISE Est-ce qu'elle marche bien? Du moins, tu n'es pas tombé en panne en revenant ici.

GUY Euh non... euh, pas exactement. Le moteur s'est arrêté une fois quand j'attendais à un feu rouge, mais j'ai réussi à repartir. Ce n'était rien de grave. Mais le compteur ne marche plus.

FRANÇOISE Est-ce qu'il y a autre chose qui ne marche plus?

GUY Oui, la direction n'est pas très bonne, et il faudra régler un peu les freins. Mais ce n'est rien de grave. A part ça, la camionnette marche bien.

FRANÇOISE Tu vas savoir la remettre en état?

GUY Je sais certainement régler les freins et le compteur. Je pourrai le faire cet après-midi si je n'ai pas d'autres travaux à faire.

FRANÇOISE Et ton ami, celui qui travaille dans un garage, est-ce qu'il pourra t'aider?

GUY Oui, il m'a dit qu'il pourra venir m'aider ce soir. Il réglera la direction et vérifiera le moteur en général. Il pourra faire le tout en trois heures.

B. *Malheureusement ce n'était pas aussi simple que Guy l'avait imaginé. Gaston a examiné la camionnette et il a trouvé un assez grand nombre de choses qui ne marchaient pas. Regardez (ci-dessus) la liste qu'il a présentée à Guy.*

  i. Imaginez la conversation entre Guy et Gaston pendant que celui-ci examine la camionnette. Guy se demande ce qu'il va dire à Françoise.

  ii. Imaginez la conversation entre Guy et Françoise. Guy explique à Françoise ce qu'il y a à faire et lui assure que Gaston et lui sont capables de remettre la 4CV en état.

Modèle

est-ce que (qu')	Gaston sait tu sais ils savent vous savez	vérifier les phares? gonfler les pneus? remettre le moteur en état? nettoyer les bougies? régler les freins? remplacer le ressort cassé? réparer l'aile défoncée?	oui,	il pourra je pourrai ils pourront nous pourrons	le faire	cet après-midi

L'alcooltest

Vous y connaissez-vous? – dans la voiture

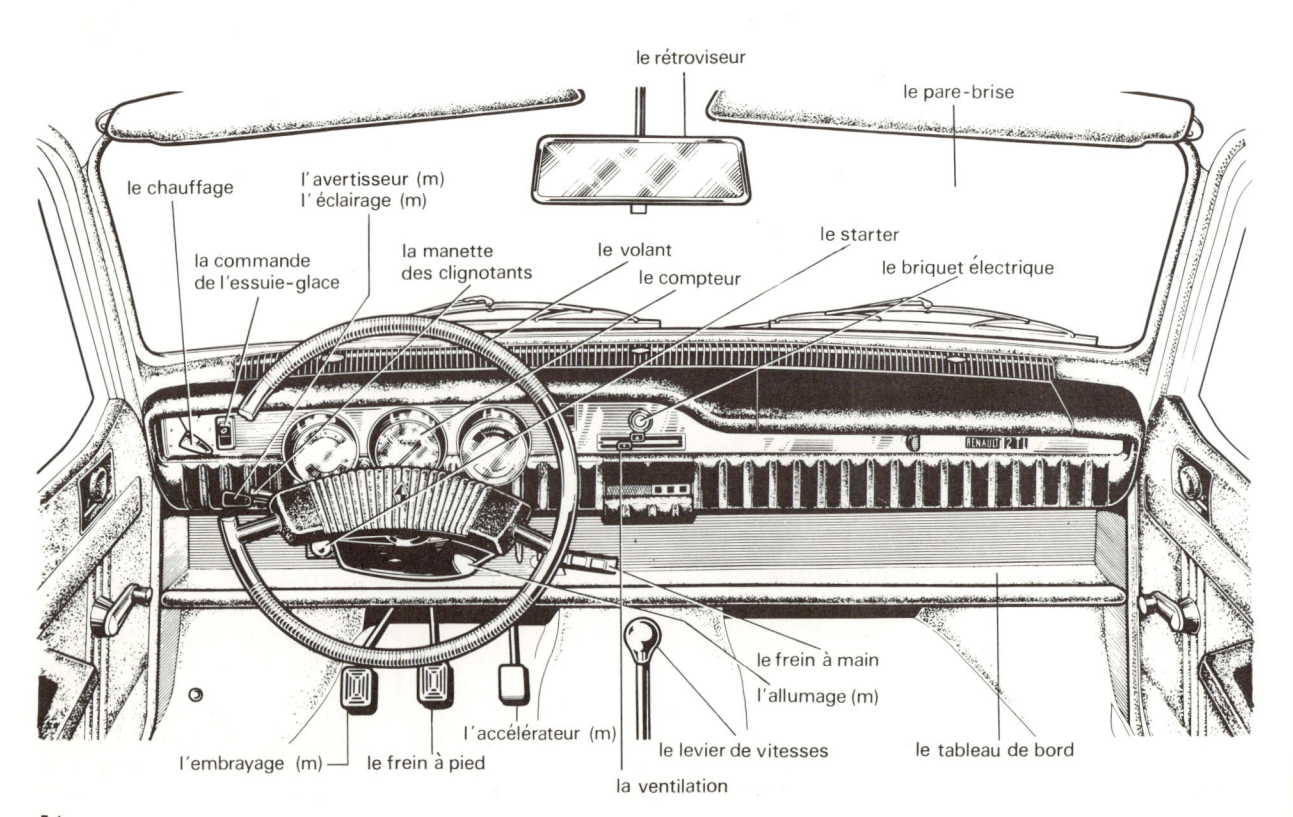

- le rétroviseur
- le pare-brise
- le chauffage
- l'avertisseur (m)
- l'éclairage (m)
- la commande de l'essuie-glace
- la manette des clignotants
- le volant
- le compteur
- le starter
- le briquet électrique
- l'embrayage (m)
- le frein à pied
- l'accélérateur (m)
- la ventilation
- le levier de vitesses
- le frein à main
- l'allumage (m)
- le tableau de bord

Explication

[1] l'aspect du visage

[2] totalement
[3] seulement

[4] = shock-absorbers
[5] c'est comme si...
[6] = steering   [7] = alignment

[8] chercher dans

[9] examiner la qualité de...
[10] tristement
[11] = canvas
[12] = rip, tear
[13] ensemble de pneus
[14] quant à
[15] = test
[16] = a certain failure
[17] = report

[18] une chose inutile

[19] = distance meter

[20] naïf

[21] cependant   [22] = changed

[23] soudain

Une voiture d'occasion

Que je garde une voiture six mois, quinze jours ou deux ans, la mine[1] du premier acheteur possible auquel je la propose est toujours aussi franchement[2] dégoûtée. A première vue d'abord, rien[3] qu'en la voyant, sans même la toucher, ma voiture semble lui inspirer une immense répulsion. Mais quand il la touche... ah!.. quand il commence à la toucher, son expression devient pénible. Il souffre, c'est évident. Il souffre, cet homme, pour toute l'humanité motorisée.

Cela commence, en général, par une forte pesée sur les amortisseurs[4] avant.
— Autant dire,[5] dit-il, qu'ils sont morts!...
L'expert s'explique ensuite avec la direction.[6] La vérification du parallélisme[7] se termine toujours sur cette insidieuse question:
— Vous n'avez pas eu un gros choc?...

Je réponds: « Non ». Mais ce non est difficile à dire sans qu'il paraisse vouloir dire si. Car de deux choses l'une: si je réponds «non» très vite, c'est à dire spontanément, on n'y croit pas. Et si, au contraire, je fais semblant de fouiller[8] ma mémoire pour paraître plus vrai — cela sonne faux: j'ai l'air de vouloir masquer la réalité...

Cependant l'expert poursuit son examen.
Les pneus...
Doucement, sur eux, mes petits pneus, il passe et repasse la paume de la main, un peu comme le tailleur qui veut éprouver[9] un tissu. Et annonce, lugubre[10]:
— 80 pour 100! Pas fameux, hein? Ceux de l'avant, ça va encore. Mais à l'arrière! Vous roulez presque sur les toiles[11]... Et là... vous avez eu un accroc[12]... Non, pas ici, là... Oui... Enfin il faudra un nouveau train,[13] quoi... Parce que, telle que[14] votre voiture, elle est à genoux!...

A cet auto-bachot,[15] je me sens donc inéluctablement recalé.[16] Mon livret[17] ne plaide pas en ma faveur: *mauvaise conduite, pneus défectueux, intérieur négligé*. C'est avec une anxiété croissante que j'attends l'examen du moteur. A vrai dire, je pensais qu'il viendrait plus tôt. Je me sentais très fort parce que j'avais un bon moteur. Après tout, dans une voiture, le moteur, c'est le principal, non?

Eh bien! non. Il semble bien que pour le professionnel de la voiture d'occasion le moteur soit la cinquième roue du carrosse.[18] L'essentiel, c'est l'accessoire. Le moteur? C'est bien simple:
— On achète des voitures, monsieur, sans même les faire tourner! Parce qu'un moteur, vous comprenez, vous lui faites dire ce que vous voulez... Mais enfin, puisque vous avez l'air d'y tenir, à votre moteur, voyons-le donc, tenez... D'abord combien a-t-il, votre moteur?
— Voyez, monsieur, le compteur[19] est exact...
— Oh! le compteur!... S'il fallait croire les compteurs! Et qu'est-ce qu'il dit, votre compteur? Voyons... 23 887... Oui, disons 50... Mais si, monsieur, mais si... Vous comprenez bien; je ne suis pas tombé de la dernière pompe[20]... Vous avez une voiture: c'est pour rouler... Vous avez un métier qui vous fait bouger... mais si. Mais si... monsieur, vous bougez beaucoup... Vous pensez! avec les voyages, les conférences... on sait ce que c'est, allez! Disons, quoi, 60 à 80 kilomètres par jour... quelquefois 100, même plus... les vacances... les dimanches... Vous m'avez bien dit que vous aviez été en Espagne l'été dernier... Vous avez la voiture depuis un an... C'est bien ça... 50 000... et je suis plutôt en dessous de la vérité...
— Mais mon compteur... Je n'ai tout de même[21] pas truqué[22] mon compteur!
— Je ne dis pas ça, bien sûr... Mais vous savez, un compteur... D'abord, rien ne me dit que, pendant une réparation, on ne l'a pas changé, votre compteur... Et puis, il faut tenir compte des pannes de compteur... Un compteur, ça s'arrête subitement[23]

55

[24]	remarquez
[25]	incapable de répondre
[26]	= swallow (up)
[27]	= be that as it may
[28]	d'ailleurs
[29]	sauf
[30]	apparaît
[31]	= ticking over
[32]	= revving
[33]	magicien
[34]	tombe
[35]	= price-list

de tourner, quelquefois pendant 500... 1000... 2000 kilomètres... Vous, vous ne vous en apercevez[24] même pas... vous roulez... Mais le moteur, lui, il s'en souvient! Croyez-moi, monsieur, 50 000, ce n'est pas excessif...

Je suis cloué[25]...

Je fais une rapide soustraction : 50 000 moins 23 887, restent environ 26 000 kilomètres... Jamais je n'aurai parcouru 26 000 kilomètres aussi vite que me les a fait avaler[26] cet expert...

Quoi qu'il en soit,[27] à partir de cet instant, j'ai perdu l'initiative des opérations (qui du reste,[28] ne m'a jamais appartenu, sinon[29] initialement). Je joue battu. Et c'est un homme défait que le professionnel invite à faire tourner *un peu* son moteur. Je mets en marche sans conviction.

— Appuyez sur l'accélérateur... Là...

Le technicien écoute... De temps en temps, un indéfinissable sourire s'inscrit[30] au coin de ses lèvres. C'est étrange. J'ai souvent, moi aussi, écouté la musique de mon moteur. Au ralenti.[31] Ou emballé.[32] Eh bien! Jamais elle ne m'a paru plus étrange, moins mélodieuse, aussi mal rythmée qu'aujourd'hui.

— Il y a un bruit curieux, dit le monsieur...

Il n'a pas tort.

— Vous mangez beaucoup d'huile?

— Moyennement... Un demi-litre aux 1000...

— Pourtant, vous fumez beaucoup... Regardez...

C'est vrai. Je ne m'en étais jamais aperçu. Cet homme est-il sorcier?[33] D'un coup d'accélérateur il obscurcit le garage!

Dans ces ténèbres, une seule chose devient claire! Le prix de ma voiture s'effondre[34] chaque minute. J'ai l'impression de vivre une panique à Wall Street. Je vois un 'boy' marqueur effacer sans cesse le chiffre précédent sur le tableau noir de la cote.[35] 550 000... 500 000... 475... 430... Dans quoi vais-je aller chercher maintenant? Dans les 400, c'est évident.

Pierre Daninos, *Comment vivre avec ou sans Sonia* (abrégé), Plon

1. What is the initial reaction of the buyer on seeing the author's car?
2. What does the buyer first examine, and what is his opinion?
3. Why does the author find difficulty in appearing truthful?
4. What is the buyer's opinion of the tyres?
5. In which part of his car does the author have most confidence?
6. What importance does the buyer attach to the engine?
7. What does the buyer think of the car's mileage?
8. What is the author's state of mind as he starts the engine?
9. What does the buyer think of the car's engine?
10. What change does the author feel he must make in the price he is expecting?

A. Imaginez la conversation qui suit ce récit. L'acheteur a envie d'acheter la voiture, mais il ne veut pas en payer le prix demandé. Qu'est-ce que le vendeur répond?

B. Faites une liste de toutes les choses qui ne vont pas dans la voiture de l'auteur.

5

Exercices

1. Françoise a emprunté une voiture à un de ses amis. Avant de se mettre en route, elle se rend à une station-service.
   Imaginez ce qu'elle dit à l'employé.

L'EMPLOYE — Bonjour, mademoiselle. Vous désirez?

FRANÇOISE — [20 litres]

L'EMPLOYE — Si vous voulez de l'ordinaire, mademoiselle, c'est la pompe là-bas.

FRANÇOISE — [huile/moteur]

L'EMPLOYE — Bien sûr, mademoiselle. Dans un instant.

FRANÇOISE — [batterie]

L'EMPLOYE — Oui, mademoiselle, quand j'aurai vérifié l'eau de votre radiateur.

FRANÇOISE — [pneus]

L'EMPLOYE — D'accord, si vous voulez bien avancer jusqu'au gonfleur, là-bas.

FRANÇOISE — [jauge d'huile]

L'EMPLOYE — ... Bon. Ça va. Vous n'avez pas besoin d'huile. Vous n'avez rien oublié?

FRANÇOISE — [roue de secours]

L'EMPLOYE — C'est déjà fait, mademoiselle. Je l'ai gonflée avec les autres. C'est tout?

FRANÇOISE — [combien?]

L'EMPLOYE — Voyons... ça fait vingt-quatre francs exactement.

FRANÇOISE — [billets]

L'EMPLOYE — Merci, mademoiselle. Vous êtes très aimable. Au revoir, et bonne route!

2. Racontez en français ce qui s'est passé à la station-service.

3. Françoise a un cousin qui habite à Bordeaux et qui s'intéresse beaucoup aux voitures. Un jour il lui écrit. Voici sa lettre.
Rédigez la réponse de Françoise.

> Bordeaux, le 30 novembre
>
> Ma chère Françoise
>
> Tu seras sans doute surprise de recevoir une lettre de ton cousin. Je regrette de ne pas t'avoir écrit plus souvent — c'est que je suis très pris par mes études, et je ne trouve jamais le temps d'écrire à la famille. Comment vas-tu, et comment vont ton père et ta mère? Bien, j'espère. Dis-leur bonjour de ma part, s'il te plaît.
>
> Maman me dit que tu viens d'acheter une nouvelle voiture, ou plutôt une camionnette. Est-ce qu'elle marche bien? Quel âge a-t-elle? Combien de chevaux a-t-il, votre moteur? Donne-moi tous les détails quand tu m'écriras, car tu sais que je m'intéresse beaucoup aux voitures de toutes sortes. Combien l'as-tu payée? Est-ce que la direction et les freins sont en bon état? Sinon, fais-les régler le plus vite possible. A propos, comment est-ce que tu te débrouilles quand le moteur ne marche pas? Si j'habitais plus près je pourrais venir t'aider.
>
> Je te pose beaucoup de questions, n'est-ce pas? J'attends tes réponses et tes nouvelles avec beaucoup d'intérêt.
>
> A bientôt,
> Xavier
>
> P.S. Peut-être qu'un jour tu viendras me voir avec ta nouvelle camionnette

4. Dites ce que Françoise a fait et à quelle heure.

5.
1. Qu'est-ce que Françoise s'est fait?
2. Qu'est-ce que son père a fait construire?
3. Est-ce que cela a rendu sa mère heureuse?
4. Qu'est-ce que Gaston est allé faire?
5. Est-ce que cela l'a rendu malheureux?
6. Qu'est-ce qu'il a fait ensuite?
7. Qu'est-ce que Françoise a fait faire?
8. Qu'est-ce qu'elle est allée faire?

6. Complétez ces phrases en employant le comparatif ou le superlatif.
1. La camionnette de la Bande est plus ......
2. Françoise est plus intelligente ......
3. Sylvie est la fille la plus ......
4. Une camionnette 4CV est moins ......
5. Guy est aussi intelligent ......
6. De tous ses copains et copines, Sylvie est la moins ......
7. Jean-Luc est ......
8. Un cyclomoteur est ......

7. Répondez aux questions ci-contre en donnant une raison à votre réponse.

exemple
Est-ce que Gaston sait mettre le moteur en état?
Oui, mais il ne peut pas le mettre en état cet après-midi parce que nous allons au cinéma.

1. Est-ce que Gaston sait réparer ce pneu crevé?
2. Est-ce que Gaston sait vérifier les freins?
3. Gaston, est-ce que tu sais régler les phares?
4. Est-ce que tu sais réparer l'embrayage?
5. Est-ce que Françoise sait conduire la camionnette?
6. Est-ce que Michel et ses amis savent nettoyer une voiture?
7. Est-ce que Sylvie sait gonfler les pneus?
8. Est-ce que Guy sait remplacer le ressort cassé?

8. Qu'est-ce qu'il faut que Mme Poulenc fasse avant de se reposer?

Jeune Automobiliste

le magazine de tous les jeunes au volant

Ecoliers et étudiants devront tous bientôt apprendre le code de la route

Nous venons d'apprendre que l'enseignement du Code de la Route sera prochainement obligatoire dans tous nos lycées et collèges. Le ministre de l'Education nationale a déjà accepté cette requête du président de la Prévention Routière.

Jeunes conducteurs, si vous n'êtes pas sûrs de savoir comment vous comporter sur la route, commencez par apprendre ces règles élémentaires.

1. Serrez votre droite le plus possible.
2. Dépassez à gauche seulement.
3. Annoncez bien à l'avance votre intention de tourner à droite ou à gauche.
4. Donnez la priorité à tous les véhicules qui viennent de droite.
5. Ne passez jamais les feux au rouge.
6. Aux passages à niveau redoublez de prudence et ralentissez.
7. Allumez vos phares en cas de brouillard et, le soir, sur les routes mal éclairées.
8. Il est interdit de s'arrêter en haut d'un pont.
9. Regardez très souvent dans votre rétroviseur.
10. Regardez derrière vous avant d'ouvrir vos portières.

IL L'A ECHAPPE BELLE !

Comment s'est-il produit, cet accident ?
Heureusement, la victime n'est pas gravement blessée.
Heureusement, ce n'est pas vous, cette fois...
Pour éviter les accidents...
Faites toujours attention !
Conduisez toujours avec prudence.
Ecoutez les conseils de la Prévention Routière.

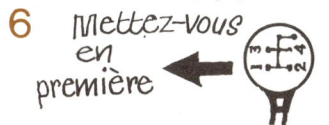

Pour le débutant
COMMENT CONDUIRE UNE AUTO
Les premiers pas, par Charles Aufray

1. D'abord, n'oubliez pas de mettre le contact
2. Mettez le starter
3. Actionnez le démarreur
4. Appuyez sur l'accélérateur
5. Débrayez
6. Mettez-vous en première
7. Regardez derrière vous pour vous assurer que la voie est libre
8. Faites signe que vous allez avancer
9. Desserrez le frein
10. Embrayez doucement, tout en appuyant doucement sur l'accélérateur

Et vous voilà parti, théoriquement du moins. Mais lorsque vous commencerez à prendre des leçons, surtout, soyez prudent ! Et bonne route !

59

DEUX   **JEUNE AUTOMOBILISTE**

Toujours la politesse

Conseils au jeune automobiliste, par Christine Maurier.

Souvenez-vous que la route appartient à tout le monde. Soyez toujours courtois envers les autres usagers. Laissez passer ceux qui sont plus pressés (ou moins prudents) que vous.

N'oubliez pas de donner un pourboire au pompiste, surtout s'il essuie votre pare-brise.

Ne jurez pas quand vous êtes exaspéré par la conduite des autres automobilistes.

N'imposez pas votre radio ni des courants d'air aux personnes que vous transportez dans votre voiture, sans d'abord leur demander la permission.

Observez toujours les limitations de vitesse.

Donnez la priorité aux poids lourds — la courtoisie l'exige, et aussi la nécessité !

Christine Maurier, 24 ans, est une de ces rares femmes, pilote de Formule I. Mais bien qu'elle aime la vitesse, elle prend très au sérieux la conduite de son auto sur nos routes trop encombrées.

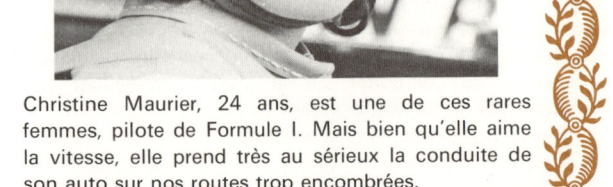

A VOUS DE TROUVER

Que signifient ces signaux ? Si vous l'ignorez, renseignez-vous en consultant le Code de la Route...

Sinon, il se peut que vous finissiez mal !

Achat d'une voiture d'occasion

Vous méfiez-vous des voitures d'occasion ? Courage ! Si vous voulez en acheter une, il est facile de savoir si elle est en bon état ou non. Voici quelques principes :

- Un moteur en bon état ne doit pas faire de fumée.
- La direction ne doit pas avoir trop de jeu.
- Assurez-vous que la voiture n'est déportée vers la droite ni vers la gauche quand vous roulez ou quand vous freinez.
- Si le caoutchouc des pédales est usé, cela indique que c'est une voiture qui a beaucoup roulé.
- Une voiture qui est censée avoir fait 30.000 km doit avoir ses pneus d'origine. Si la voiture est chaussée avec deux ou trois marques de pneus différentes, on vous trompe.
- Surtout ne vous fiez pas au compteur. Il est très facile de le remettre à zéro.

NOS PETITES ANNONCES

SIMCA 1501 break Grand Luxe Supérieur, 2 ans, bleu métallique, ayant peu roulé, état neuf, radio, facilités de paiement. Au prix intéressant de 8 000F.
J. B. Potin, 28, Rue Rennequin — 17e.

VENDS Renault 4L, jaune, état moyen, embrayage et freins neufs, 70 000 km, disponible immédiatement. Prix à débattre. Achetez en toute confiance. S'adresser tous les soirs, à partir de 18h, sauf dimanche, au concierge, 5 rue Malar — 7e.

R16 (2 mois) Comme neuve. Verte. Sous garantie. Radio. Freins à disques. S'offre à un prix ridicule. Téléphonez à Hardy 225.12.71.

ASSURANCES

Jeunes conducteurs acceptés aux mêmes tarifs que les adultes. Possibilité de payer au mois. S'adresser à l'Agence Lebel, 85b, rue du Baigneur, (18e) Tél. 927.14.41.

A LOUER

Roulez pendant un an dans une Renault 16 TS, à 160 km/h chrono, 5 places, tout confort, pour 200F par mois. Agence St. Marcel, av. de Versailles, Paris — 16e.

JEUNE AUTOMOBILISTE   TROIS

Etes-vous pour ou contre...?

Quels sont les avantages et les inconvénients des leçons de conduite au collège ou au lycée?
Discutez-en avec vos amis.
Faites-en une liste, puis écrivez-nous, et donnez-nous votre avis.

Une voiture neuve? Une voiture d'occasion? Laquelle achèteriez-vous? C'est là une question difficile. Avant de vous décider, il faut bien considérer les avantages et les inconvénients de l'une et de l'autre. Pour vous aider à décider, rédigez la liste des avantages et des inconvénients.

Mesdames, Mesdemoiselles, Messieurs,... pour votre fête offrez-vous...

2CV Elle s'appelle 2 CV. Ni plus, ni moins. Elle se donne pour ce qu'elle est, elle est ce qu'elle annonce : une voiture de la réalité, strictement mais totalement adaptée à tous les aspects de la vie quotidienne.
En ville elle circule et se gare avec facilité, à la campagne elle n'a pas besoin de route et passe là où d'autres n'osent s'aventurer. Elle intéresse toutes les professions, s'accorde à tous les loisirs. Utilitaire et décapotable, voiture de travail, et de vacances, voiture de l'homme comme de la femme (idéale pour le shopping, elle se transforme s'il le faut en mini-camion de déménagement). Elle se moque du froid comme du chaud (son moteur est refroidi par air), de la pluie, de la neige, du gel ou du verglas (des "batteurs" donnent à ses roues leur stupéfiante adhérence). Sûre, pratique, économique et "increvable", elle a vraiment réponse à tout. Avec la 2 CV Citroën, vous faites ce qui vous plaît.

Seul CADY allie JEUNESSE et EXPERIENCE

Sentez-vous libre et indépendant. Offrez-vous aujourd'hui un mini CADY.
Seul Cady vous offre une gamme complète de 3 mini cyclomoteurs — standard, télescopique, démontable.
Choix de 4 couleurs. 300.000 vendus en France.
Ne pensez plus aux embouteillages, ni au dernier métro.

61

participez à la lutte contre la pollution atmosphérique

Vous réaliserez une œuvre salutaire pour les autres et pour vous-mêmes. Les constructeurs ont multiplié leurs efforts pour réduire les émissions de gaz toxiques par les véhicules. Il faut aussi que les automobiles soient bien conduites et bien entretenues. Cela dépend de vous...

➡ pour tous les véhicules à moteur

1°/ Quand votre véhicule est à l'arrêt, ne laissez pas le moteur tourner inutilement.
2°/ Assurez-vous du bon état de votre moteur. Un moteur en mauvais état peut être une source importante de pollution.
3°/ Fermez votre ventilation quand vous suivez un véhicule à moins de 20 mètres.
4°/ Laissez une fenêtre de votre véhicule légèrement ouverte aussi souvent que possible.

➡ pour les moteurs à essence

1°/ N'abusez pas du starter — surtout dans un garage.
2°/ Faites vérifier périodiquement la propreté du filtre à air, le bon état de l'allumage, des tuyaux et du pot d'échappement.
3°/ Respectez les réglages du carburateur. Faites vérifier à chaque opération d'entretien, que ces réglages sont corrects.

➡ pour les moteurs diesel

Faites vérifier régulièrement le système d'alimentation et évitez d'utiliser votre moteur en surcharge.

suivez bien ces conseils

S'ils ont pour objet de contribuer à la lutte contre la pollution atmosphérique, ils vous permettront en outre :
    d'éviter les dangers d'une intoxication,
    d'économiser du carburant.

En rangeant votre voiture à 20 cm du trottoir...
Vous faciliterez le travail du balayeur et favoriserez les bonnes dispositions des chiens

propreté
partout
santé
pour tous

CENTRE D'ACTION POUR LA PROPRETE DE PARIS
HOTEL DE VILLE

EXAMEN 5

1. Composition

A train thief is foiled

Write in FRENCH in about 150 words the story depicted in the series of pictures below. Compositions of fewer than 150 words will lose marks, and no advantage will be gained by writing at greater length than 160 words. Your story should be mainly in the past tense, although other tenses may be used where required (e.g. in dialogue). Irrelevancy will cause loss of marks. State at the end of your essay the number of words used.

pitchfork, *la fourche*

Oxford and Cambridge

2. Translate into ENGLISH

Seul dans sa voiture, Gérard appuyait sur l'accélérateur comme un adolescent qui a pu emprunter l'automobile de son père.

Bientôt il dut faire attention parce qu'il y avait du monde et surtout beaucoup de voitures étrangères. La ville était maintenant remplie de ces chauffeurs maladroits qui hésitent aux carrefours et, se trompant aux sens uniques, sont obligés de faire marche arrière.

Arrivé à la librairie, il la trouva fermée. Elle appartenait à un vieil homme qui ne sortait presque jamais et passait sa vie parmi ses livres. Il avait l'habitude de dire bonjour sans se lever de la table où il travaillait. Gérard aimait beaucoup cette librairie; quand l'odeur des vieux papiers lui montait au nez, il se sentait devenir un intellectuel.

Il descendit de sa voiture et s'approcha du magasin. Un papier jauni était collé sur la porte vitrée, un papier qu'on avait dû trouver au fond de la boutique, traînant par terre, et sur lequel quelqu'un avait inscrit: 'Fermé pour cause de maladie'. Gérard reprit sa voiture. Il démarra, impatient, avec le sentiment d'une après-midi perdue.

Cambridge

3. Conversation

1. Combien de jours y a-t-il au mois de février?
2. Quelle est la différence entre une horloge et une pendule?
3. Vous lisez sur l'horaire que votre train partira à 20 H 45. Exprimez cette heure d'une autre façon.
4. Quel temps fait-il normalement au mois de novembre?
5. Quel temps doit-il faire pour qu'on puisse faire du patinage?
6. Quelle saison de l'année préférez-vous et pourquoi?
7. Qu'est-ce qui se passe à l'école au mois de décembre?
8. A quoi sert un calendrier?
9. Trouvez-vous que les prévisions météorologiques sont utiles? Pourquoi (pas)?
10. Quel temps a-t-il fait pendant les vacances de Pâques?

J.M.B.

Les enquêteurs

— Et maintenant, Françoise, dis-nous comment marche cette grande entreprise?

Les Baron étaient confortablement installés à la terrasse de la maison de campagne où ils avaient l'habitude de passer tous les week-ends d'été. Françoise arrivait chaque dimanche pour déjeuner en famille.

Son père avait posé sa question d'un air moqueur, car il ne prenait pas tout à fait au sérieux l'entreprise que dirigeait sa fille.

Françoise répondit très calmement, malgré le ton de son père:

— Tout va très bien, merci, papa. Tu sais que nous venons d'acheter une camionnette, n'est-ce pas?

— Oui, c'est sans doute la première de toute une flotille! Et M. Baron se mit à rire, très satisfait de sa plaisanterie.

Il fut très étonné par la réponse de sa fille; Françoise lui annonça tranquillement que la Bande allait acheter quatre camionnettes neuves à la fin du mois, parce que la Section Livreurs avait besoin d'une autre voiture, et que la Section Ménagère allait étendre ses services.

D'ailleurs la Bande venait de quitter la pièce voisine du Relais du Midi, parce que celle-ci n'était pas assez grande.

Le nouveau centre d'opérations était un étage entier, dans un immeuble voisin, où quatre filles passaient tout leur temps à répondre au téléphone.

Tous les concierges et les commerçants du quartier étaient au courant. Ils mettaient en contact la Bande et les clients.

Il ne restait qu'un seul problème important. Ce qui était très difficile, c'était de trouver assez de jobs pour les étudiants et les écoliers qui avaient envie de gagner de l'argent en travaillant à mi-temps pendant les vacances.

M. Baron n'en croyait pas ses oreilles! Il se sentait maintenant très fier de sa fille, presque malgré lui. Il l'interrompit:

— Françoise, il me semble que nous pourrons nous aider, l'un l'autre. Viens me voir au bureau demain si toutefois tu n'es pas occupée toute la journée.

Françoise répondit qu'elle pourrait se rendre au bureau de son père à onze heures. Elle était curieuse de savoir pourquoi, mais M. Baron refusa de lui expliquer ce qu'il pensait faire.

1. Qu'est-ce que Françoise a dit à ses parents au sujet de la Bande? Rapportez ses paroles.
2. Quels sont les services rendus par la Section Livreurs? Et par la Section Ménagère?
3. Décrivez les progrès faits par les différentes sections de la Bande.
4. Quel problème reste-t-il à résoudre?
5. Quand est-ce que Françoise doit aller voir son père?

6

Conversations

A. *Le lendemain, Françoise se rendit ponctuellement aux bureaux de l'agence Marchex, dont son père était le directeur. Elle parla pendant quelques minutes avec deux de ses anciens collègues et puis M. Baron arriva.*

M. BARON — Tu vois, ma fille; nous aussi, nous faisons des progrès.

FRANÇOISE — En effet, papa; j'ai remarqué qu'il y a beaucoup d'employés que je ne connais pas.

M. BARON — Nous avons étendu nos services, nous aussi. Viens voir ce qu'on vient d'installer.

FRANÇOISE — Mais c'est un ordinateur! Pourquoi une agence de publicité a-t-elle besoin d'une telle machine?

M. BARON — Nous offrons maintenant de nouveaux services à nos clients. Nous allons faire des enquêtes pour eux – des sondages d'opinion, des analyses des marchés. Nous chercherons à connaître les opinions ou les réactions des acheteurs envers un produit ou une idée, nous les analyserons à l'aide de l'ordinateur et nous pourrons dire au client ce qu'il faut qu'il fasse pour vendre ses produits.

FRANÇOISE — Et vous aurez besoin d'enquêteurs pour faire les interviews?

M. BARON — C'est ça. Tu peux nous aider à en embaucher?

FRANÇOISE — Bien sûr. Nous sommes en contact avec beaucoup d'étudiants en sciences sociales. Ils ont les connaissances professionnelles et les aptitudes nécessaires.

M. BARON — Tu as raison. Il nous faudra des spécialistes pour les grandes enquêtes. Mais nous aurons aussi besoin de personnes qui puissent effectuer des tâches plus simples : la distribution des spécimens gratuits d'un nouveau produit, la distribution publicitaire, les interviews en masse avec un questionnaire simplifié. Pour de telles tâches, les employés n'auraient pas besoin de connaissances spécialisées, pourvu qu'ils soient intelligents – et convenablement vêtus.

FRANÇOISE — Pourquoi convenablement vêtus?

M. BARON — Parce qu'il faudra qu'ils aillent dans tous les milieux. Après tout, il ne faut pas choquer les gens qu'on interviewe!

L'ordinateur électronique de l'agence Marchex est un des derniers modèles. La machine peut très rapidement analyser les résultats de ses calculs; on peut la consulter à tous moments pour obtenir toutes les informations dont on a besoin.

B. Françoise a parlé avec deux de ses anciens collègues de l'agence Marchex. Quelles questions lui ont-ils posées au sujet de la Bande? Qu'est-ce qu'elle leur a répondu?

De retour aux bureaux de la Bande, Françoise commence à écrire des notes pour le bulletin hebdomadaire, dans lequel elle annonce les emplois disponibles.

Qu'est-ce qu'elle écrit dans le bulletin? Rédigez des offres d'emplois.

Modèle

il nous faut	des	personnes	qui	puissent	interviewer les ménagères
nous cherchons		étudiants		veuillent	
				aient le temps d'	effectuer des tâches simples

65

Les enquêtes

1. Voici une liste des thèmes de quelques enquêtes que l'agence Marchex va mener :
Un nouveau café soluble.
Les vacances.
L'utilisation des électrophones, des magnétophones (y compris cassettophones), des postes de radio et des téléviseurs par la jeunesse.
Le contenu du panier ou du sac à provisions des ménagères.
Le budget familial.
Les ambitions d'un groupe de collégiens.

Dressez le questionnaire pour chacune de ces enquêtes.

2. Voici la liste des questions posées par les enquêteurs à un groupe de lycéens sur leurs familles :

Combien de personnes habitent chez vous? . . . . . .
Quel âge a votre père? . . . . . . Quel âge a votre mère? . . . . . .
Avez-vous des frères? . . . . . . Combien? . . . . . .
Avez-vous des sœurs? . . . . . . Combien? . . . . . .
Est-ce que vos grands-parents habitent chez vous? . . . . . .
Indiquez si les personnes suivantes habitent chez vous : un oncle, ...
une tante, ... un cousin, ... une cousine. . . . . . .

Faites cette enquête parmi vos copains, et analysez-en les résultats.

3. Un des employés de la Bande a dû interroger les clients d'un supermarché. Voici les questions qu'il leur a posées :

Combien de fois par semaine faites-vous vos provisions :
Tous les jours? . . . . . . Deux fois par semaine? . . . . . . Chaque semaine? . . . . . .
Allez-vous d'habitude au supermarché? . . . . . . au marché? . . . . . .
   chez les petits commerçants du quartier? . . . . . .
Quelles difficultés avez-vous quand vous faites vos achats au supermarché : . . . . . .
Problèmes de transport? . . . . . . Problèmes de stationnement? . . . . . .
Choix restreint de produits? . . . . . . Prix élevés? . . . . . .
Trop de monde? . . . . . . Etes-vous obligé de faire la queue chaque fois? . . . . . .

4. Vous êtes enquêteur. Vous allez interroger un garçon ou une fille de seize ans au sujet de ses loisirs. Dressez la liste des questions que vous allez lui poser.

Un enquêteur pose des questions à une dame à la porte de son appartement.

— Il me semble que vous n'avez pas répondu à ma 794ᵉ question...

Exercices

1. La Bande a mené une enquête sur les loisirs. En vous servant des images et des expressions données ci-dessous, imaginez les questions et les réponses.

en train de	essayer de	regarder du matin au soir	avoir l'habitude de
avoir envie de	tous les soirs	chaque semaine	passer une heure à

2. Répondez aux questions en employant *tout*, etc.

exemple   Avez-vous lavé les assiettes?
          Oui, j'ai lavé toutes les assiettes.

1. A-t-il passé la journée à lire?
2. Vas-tu acheter ces disques?
3. Dois-je prendre les valises?
4. Faut-il punir les élèves?
5. Avez-vous écrit les lettres?
6. Puis-je jeter ces journaux?
7. As-tu mangé le fromage?
8. Aimez-vous les films italiens?
9. Est-ce qu'il connaît les amis d'Henri?
10. Veux-tu visiter les musées de Paris?

3. Répondez en suivant le modèle.

exemple   Tu ne joues pas?
          Non; maman m'a dit de ne pas jouer.

1. Tu ne travailles pas?
2. Tu ne prends pas de vin?
3. Il ne joue pas?
4. Elle ne va pas au cinéma?
5. Tu n'achètes pas de souvenirs?

4. Répondez en suivant le modèle.

exemple   Je veux aller au club ce soir.
          J'ai envie d'aller au club ce soir.

1. Il veut acheter une glace.
2. Nous voulons faire une promenade en auto.
3. Voulez-vous rester ici?
4. Il voulait voir le nouveau film.
5. Nous voulions aller au Bois.

5. Répondez en suivant le modèle.

exemple   Nous allons prendre un billet.
          Chacun de nous va prendre un billet.

1. Nous allons acheter un livre.
2. Vous allez parler à M. Plon.
3. Ils ont reçu de l'argent.
4. Elles vont recevoir la visite d'un enquêteur.
5. Elles sont arrivées en bateau.

6. Un enquêteur a sonné à la porte d'un homme qui n'aime pas qu'on lui pose de questions. Il a répondu négativement à toutes les questions.

1. Qu'est-ce que vous avez l'intention de faire ce soir?
2. Qui fait le ménage chez vous?
3. Où allez-vous en vacances?
4. Quand allez-vous au théâtre?
5. Est-ce que vous aimez écouter la radio?

Familiale

La mère fait du tricot

Le fils fait la guerre

elle trouve ça tout naturel la mère

Et le père qu'est-ce qu'il fait le père ?

Il fait des affaires

Sa femme fait du tricot

Son fils la guerre

Lui des affaires

Il trouve ça tout naturel le père

Et le fils et le fils

Qu'est-ce qu'il trouve le fils ?

Il ne trouve rien absolument rien le fils

Le fils sa mère fait du tricot son père des affaires lui la guerre

Quand il aura fini la guerre

Il fera des affaires avec son père

La guerre continue la mère continue elle tricote

Le père continue il fait des affaires

Le fils est tué il ne continue plus

Le père et la mère vont au cimetière

Ils trouvent ça naturel le père et la mère

La vie continue la vie avec le tricot la guerre les affaires

Les affaires la guerre le tricot la guerre

Les affaires les affaires et les affaires

La vie avec le cimetière.

Jacques Prévert, Paroles, Gallimard 1949

La Société de l'Avenir

ICI, ON SPONTANE — ne me libère pas, je m'en charge — l'imagination prend le pouvoir — je suis marxiste tendance groucho — INTERDIT D'INTERDIRE — L'ÉTAT C'EST CHACUN DE NOUS — ENRAGEZ-VOUS

Explication

Si notre société, telle que nous la connaissons, ne peut plus offrir cent mille emplois aux étudiants, la société telle qu'elle doit être maintenant, la société du développement de la personnalité et de l'humanité, celle-là embauche : cinq cent mille, un million d'emplois sont à créer, à tous les niveaux, dans tous les domaines..., dans toutes les régions, partout où l'homme est sous-employé, méprisé,[1] banni,[2] exploité, conditionné, partout où l'homme a besoin d'apprendre à se dépasser, à ouvrir l'avenir.

[1] = despised   [2] chassé

Il faut des étudiants-enseignants par centaines de milliers. Il faut des moniteurs du goût[3] et de l'art par dizaines de milliers. Il faut des dizaines de milliers de professeurs de danse et de dessin. Il faut des centaines de milliers d'animateurs[4] de groupes de gestion[5] et de prévision.[6] Partout, on embauche.

[3] = taste
[4] directeurs   [5] administration
[6] = planning   [7] = minimum wage
[8] = exchange rate

A bas la société du S.M.I.G.[7] et du paternalisme !
A bas la société de la misère et de la 'détérioration des termes de l'échange' ![8]
A bas la société du gadget et du mépris !
Vive la société animée et humanisée !
Vive la société du développement !
Vive la société de l'homme infini !

Voilà ce que la masse a accepté de crier avec les 'émeutiers'.[9] Voilà ce qu'elle est prête à crier encore plus fort demain.

[9] = agitators
[10] patriotisme exagéré
[11] plein d'égotisme
[12] = challenge

Sans chauvinisme,[10] ni grandeur narcissique,[11] est-ce le défi[12] français ou le défi européen ou le défi du XXIe siècle qui s'est exprimé au mois de mai 1968 ? Est-ce enfin l'autre monde en marche ?

[13] = to sneer
[14] dès maintenant

Et défense de ricaner[13] 'quand l'imagination prend le pouvoir' !
Désormais,[14] 'il est interdit d'interdire' !

IL FAUT CHANGER !

La révolution n'est plus souhaitable, elle est inévitable !
Elle sera ce que tous nous la ferons !
Sinon ?

[15] ceux qui ont abandonné leurs responsabilités
[16] essayeront

Sinon, face au désordre établi et à ses démissionnaires[15] permanents, les jeunes, masses et élites, tenteront[16] de faire SEULS leur monde, un monde totalement intuitif, sans passé, sans structures, à grands coups de balais, bons ou mauvais.

Une société ne peut être composée uniquement de jeunes. Une société ne peut être faite uniquement par et pour les jeunes.

[17] anxieux

Mais si ces jeunes ne trouvent près d'eux que des adultes démissionnaires, soucieux[17] de se justifier ou se contentant d'une 'neutralité protectrice', sans participation profonde et sans dialogue, ils chercheront à se débrouiller SEULS.

Enquête sur la Jeunesse, Georges Fouchard et Maurice Davranche, Gallimard

Au Relais du Midi

son ambiance
ses spécialités
ses vins
son orchestre

Ouverture gala du nouveau restaurant

Le nouveau restaurant

Paul avait déjà décidé d'agrandir son restaurant en aménageant la grande pièce, au fond de sa cour; maintenant que la Bande l'a quittée, la pièce est vide. Il va donc pouvoir donner suite à son projet. La cour, elle, va être transformée en jardin, où on pourra manger en plein air.

Paul a chargé la Bande de faire les travaux nécessaires pour effectuer la transformation. La Section Décor a peint les murs, couvert le plancher d'un tapis, refait l'installation électrique et mis les meubles en place. Françoise a embauché des garçons de café et des plongeurs, et même des cuisiniers. Ces derniers sont tous des étudiants qui font un stage de formation professionnelle. Françoise a embauché aussi un petit orchestre, car le nouveau restaurant va aussi être une vraie boîte de nuit.

Exercices

7. Paul pense à ce qu'il lui reste à acheter avant l'ouverture. 'J'ai besoin de cent cuillers à café...
Faites la liste de la vaisselle dont il a besoin pour cent couverts.

8. Marie-Claire aussi fait ses préparatifs. Elle regarde dans le garde-manger (ci-contre).
Est-ce qu'elle a bien fini de faire ses courses?
Qu'est-ce qu'il lui reste à acheter?
Imaginez ce qu'elle se dit.

9. Enfin le jour de l'ouverture est arrivé. Tout le personnel est prêt à recevoir les premiers clients. Paul accueille chaque groupe.
'Bonsoir, messieurs-dames. Vous avez réservé une table?...
Vous allez au Relais du Midi parce que c'est la fête de votre frère ou de votre sœur. Il faut dire à Paul que vous n'avez pas réservé une table, que vous êtes quatre, que vous voulez avoir une table près de l'orchestre.

10. Le téléphone sonne. Vous êtes le garçon de service. Qu'est-ce que vous dites au monsieur qui a appelé?

Bonjour. C'est le Relais du Midi?
......
Je voudrais réserver une table.
......
Pour le dîner.
......
Pour mardi.
......
Pour huit heures et demie.
......
Nous serons neuf.
......
Oui, il y aura trois enfants.
......
Oui, je voudrais une table dans le jardin.
......
Non, pas trop près de l'orchestre.
......
Charles Lebrun.
......
Au revoir.

ADAPTATION

Yves Dumas veut une table pour le déjeuner à midi samedi. C'est pour cinq personnes, y compris deux enfants, et il voudrait une table dans un coin. Imaginez la conversation.

11. Françoise a proposé à Paul la création d'un nouveau service. Il pourrait offrir à ses clients des repas à domicile, que la Bande livrerait. Vous voyez ci-contre un des papillons qu'on a distribué aux passants pour annoncer ce nouveau service.

L'Assiette qui Roule

Des repas chez vous : — déjeuners d'affaires — dîners sentimentaux — surboums — 'parties' pour les enfants — mariages — fêtes

Au Relais du Midi

Vous allez entendre des conversations. Ensuite donnez des précisions sur :
1. l'adresse du client   2. la date et l'heure du repas
3. le nombre des couverts   4. les plats commandés   5. le prix

12. Un client a protesté auprès de Paul. A son avis, le repas était trop cher, il y avait trop de bruit et trop de monde dans le restaurant ; il a dû attendre une demi-heure avant de pouvoir trouver une place, le potage était froid, les pommes de terre trop salées, la viande trop cuite ; les autres clients, eux, ont été bien servis. A la fin, le client a annoncé qu'il ne viendrait jamais plus dîner au Relais du Midi, parce que personne ne voulait l'écouter.
a) Imaginez la conversation entre le client et Paul.
b) Imaginez la lettre que le client a écrite à un collègue, pour raconter son repas au Relais du Midi.

13. Vous allez entendre une conversation. Ensuite, dites où se trouvent les personnes qui parlent.
1. Au Relais du Midi
2. Dans le train
3. Au restaurant de la Tour Eiffel
4. Dans un restaurant libre-service

14. La Bande Junior a suivi l'exemple de Paul et a décidé d'ouvrir son propre restaurant. Ecoutez l'histoire et répondez aux questions que vous allez entendre.

15. Changez les phrases en suivant le modèle.
exemple   Tu es déjà arrivé. J'en suis content.
            Je suis content que tu sois déjà arrivé.
1. Il est arrivé de bonne heure. J'en suis content.
2. Elle apprend l'allemand. Son père en est content.
3. Nous nous sommes retrouvés à Paris. Elle en est contente.
4. Je peux aller à la surboum de ce soir. Mes copains en sont contents.
5. Paul vient nous voir. Marie-Claire en est contente.

16.
1. J'ai mis un pullover.
2. Il a pris une bière.
3. Je vais acheter du chocolat.
4. L'enfant s'est caché sous la table.
5. Je veux ouvrir la fenêtre.

Pourquoi ?

6

La chasse aux voleurs

Dans les cinémas de Paris, on passe un nouveau film qui fait sensation. Le héros est le criminel célèbre, Jean-Claude Vidal de Graville, né de l'imagination d'Antoine Briault. Il y a un an on a présenté ses aventures à la télévision sous la forme d'un feuilleton, et maintenant il est arrivé sur le grand écran.

1. Racontez l'histoire.
2. Vous êtes la jeune fille, Marianne. Qu'est-ce qui s'est passé?
3. Vous êtes M. Plon. Vous étiez en train de faire un pique-nique avec votre famille quand Graville est arrivé. Qu'est-ce qu'il vous a dit? Qu'est-ce qui s'est passé ensuite?
4. Vous êtes gendarme. Vous avez arrêté la voiture des criminels après le vol. Qu'est-ce que vous avez découvert? Qu'est-ce que vous avez fait?

EXAMEN 6

1. **Translate into English:**

   Le docteur Fourrier s'installa au volant de sa voiture et partit en direction de la gare. A chaque instant, il jetait un regard inquiet dans le rétroviseur, parce qu'il craignait d'être suivi. Soudain il s'arrêta, descendit de voiture, et se dirigea vers le bureau de poste. Avant de s'avancer vers le guichet (*counter*) de la poste restante, il se retourna plusieurs fois pour s'assurer que personne ne marchait sur ses pas. Devant le guichet, une jeune fille, une dame d'un certain âge et un homme fort corpulent faisaient la queue. Quand vint enfin son tour, il présenta sa carte d'identité et pria l'employé d'aller voir s'il y avait du courrier pour lui. Celui-ci revint et lui tendit une lettre.

   Le docteur saisit avidement la grande enveloppe et la mit très rapidement dans la poche intérieure de son veston. Ce n'est qu'après avoir regagné sa chambre qu'il eut le courage de décacheter la lettre; il y lut la phrase suivante: 'Nous avons l'honneur de vous offrir un poste de médecin dans notre hôpital.' C'était tout ce qu'il voulait.

   Oxford

2. **Do not translate the following passage, but read it carefully before answering the questions:**

   Tout à coup Philippe aperçut un prêtre qui se dirigeait vers le quai. Et quelques instants après il vit une seconde forme sortir de l'ombre. Le drame ne dura pas plus d'un instant. Il n'y eut pas de cri, pas d'appel. Seulement le bruit d'une chute dans l'eau. L'homme qui avait suivi le prêtre se jeta sur lui, le précipita dans le bassin et aussitôt s'élança du côté de la ville. Après un premier moment de surprise Philippe se débarrassa de ses souliers et il se jeta du haut du parapet pour porter secours à la victime, qui, assommée par cette attaque, devait se noyer sans même avoir repris connaissance. Au bout de quelques instants il réussit à le saisir par ses vêtements, et, lui maintenant la tête hors de l'eau, il regagna le mur du quai, nageant d'un bras. Il se leva, traînant son fardeau jusqu'au pavé où il le déposa avec précaution. Au bout de quelques minutes d'exercices respiratoires, de mouvements de bras que lui avait appris son oncle, Philippe eut la grande joie d'entendre le premier cri du blessé. Il respirait maintenant et Philippe écrasait sous ses genoux son ventre pour lui faire rendre à pleine gorgée l'eau boueuse dont il était rempli. Bientôt le prêtre ouvrit les yeux et prononça quelques mots. D'abord, sans doute, son nom que Philippe ne comprit pas, puis un numéro et d'autres mots: 28, rue du Chasseur... son adresse? Épuisé par cet effort, l'homme avait perdu à nouveau connaissance.

   Philippe, sans penser qu'on pouvait être inquiet de lui, chargea alors le noyé sur ses épaules et se mit en route vers l'adresse où l'homme avait sa maison. En chemin, après plusieurs haltes pour se reposer, il trouva enfin le numéro 28; une belle villa avec un grand jardin. Il y avait de la lumière à l'intérieur. Philippe frappa plusieurs fois et enfin une vieille gouvernante vint ouvrir.

   Answer by brief sentences in English, and in the order given, the following questions on the above passage, confining your answers to the material provided by the passage set.

   1. What did the second man do to the priest?
   2. How did Philippe bring the priest back to land?
   3. Why did Philippe need to take further action to help the priest after hearing the latter's first words?
   4. What two pieces of information did he gather that these first words were trying to convey?
   5. What are we told about the way the priest was taken home?

   S.U.J.B.

73

Les bonnes à tout faire 7

Albert Trentin, le violoniste célèbre, ne connaît absolument rien aux travaux domestiques. C'est pourquoi, le jour où il se trouva sans domestiques et sans femme de ménage, il fut à deux doigts de sombrer dans le désespoir. Sa cuisinière était en vacances et sa bonne était malade, lorsque le mari de sa femme de ménage vint lui dire que celle-ci ne pourrait pas travailler ce jour-là, parce qu'elle avait une angine. Cependant, elle lui fit dire qu'il existait une certaine Bande à Tout Faire, qui lui fournirait, peut-être, l'aide nécessaire jusqu'au retour de son personnel domestique.

Au bureau de la Bande, c'est Françoise elle-même qui répondit lorsque M. Trentin téléphona. Il habitait, lui dit-il, un bel appartement qui donnait sur l'avenue Marigny, non loin des Champs-Elysées. L'appartement était un peu en désordre, mais il ne faudrait qu'une journée de travail pour le remettre en ordre. Ce dont il avait besoin, reprit-il, c'était d'une femme de ménage ou d'une bonne à tout faire, ainsi que d'une cuisinière. Cette dernière devrait le nourrir régulièrement et, en plus, faire tous les préparatifs nécessaires en vue d'une réception qu'il devait donner dans trois jours, après son prochain concert. Il faudrait qu'elle prépare à manger à une cinquantaine de personnes, y compris quatre végétariens.

C'est à Suzanne et à Jacqueline que Françoise confia ces missions passionnantes. Elles se rendirent tout de suite à la maison de M. Trentin, où elles trouvèrent tout dans un désordre indescriptible.

1. Qu'est-ce que nous savons de M. Trentin?
2. Pourquoi est-ce qu'il s'est trouvé sans domestiques?
3. Comment est-ce que la Bande pourra l'aider?
4. Qu'est-ce que nous savons de l'appartement de M. Trentin?
5. Qu'est-ce que Jacqueline et Suzanne auront à faire chez M. Trentin?

Conversations

7

A. *Dans l'appartement de M. Trentin*

JACQUELINE   Quel désordre! Par où commencer?

SUZANNE   Chut! Voilà M. Trentin. Il va sans doute nous dire ce qu'il faut faire.

JACQUELINE   Monsieur, par où faut-il commencer?

M. TRENTIN   Commencez où vous voulez, ça m'est égal. Je ne peux plus vivre dans ce désordre. Vous n'avez qu'à regarder autour de vous pour voir ce qu'il faut faire. Faites donc une liste des choses à faire.

SUZANNE   Oui, faisons une liste, Jacqueline. Monsieur Trentin nous aidera, n'est-ce pas, monsieur?

M. TRENTIN   Oui, oui. Oh, je me rappelle. Je veux que vous rangiez d'abord mon cabinet de travail. J'ai beaucoup de choses à faire avant le concert. Ensuite, rangez le salon et faites la vaisselle. J'ai de la visite à onze heures, et toutes les tasses sont sales; et tous les verres aussi. Lavez-les, et préparez du café pour onze heures, s'il vous plaît.

SUZANNE   C'est moi qui serai la cuisinière. Toi, Jacqueline, occupe-toi du ménage. Je t'aiderai quand j'aurai préparé le café et fini mes préparatifs pour le déjeuner. Je vais aller au marché faire les provisions. Le réfrigérateur et le garde-manger sont complètement vides.

M. TRENTIN   Oh, je voudrais aussi que vous cherchiez mon carnet de chèques. Je l'ai perdu et je n'ai plus d'argent pour payer les provisions.

JACQUELINE   Ça suffit pour ce matin, je crois. Toi, Suzanne, fais la vaisselle et prépare le café. Vous, monsieur, allez-vous-en pendant que je range le cabinet de travail. Mais je vais d'abord faire la liste des choses à faire... Oh, là, là! Quel désordre!

B.   Voici la liste que Jacqueline a faite. Malheureusement, elle aussi est tombée malade, et Sylvie a dû venir la remplacer.
Quelles instructions Jacqueline lui a-t-elle données avant de partir?

exemple   Cherche le carnet de chèques de M. Trentin.

1. trouver carnet de chèques
2. aller toucher un chèque
3. payer 17F à Carole
4. faire le lit
5. ranger la chambre à coucher
6. nettoyer la salle de bain
7. écrire invitations
8. les mettre à la Poste
9. faire la lessive
10. laver le plancher de la cuisine.

Jacqueline n'a pas pu finir la liste. Finissez-la pour elle. Imaginez au moins dix autres choses qui étaient à faire.

exemple   Faire les préparatifs pour la réception.

C. Suzanne va préparer le repas pour la réception que M. Trentin va donner après le concert.

SUZANNE — Combien de personnes y aura-t-il, monsieur?
M. TRENTIN — Cinquante environ, y compris quatre végétariens.
SUZANNE — Je me demande ce qu'on va leur donner à manger.
M. TRENTIN — Je ne sais pas, moi. Quelque chose de très simple, je crois; quelque chose de léger. La plupart de mes amis ont peur de grossir.
SUZANNE — Alors, je vais préparer un repas froid – quelque chose de très simple, mais qui sera à la fois très nourrissant et très léger.
M. TRENTIN — Je m'en remets entièrement à vous, mademoiselle. Pour la nourriture, je ne m'y connais pas du tout.
SUZANNE — Il faut que j'y réfléchisse un peu. Dans une heure, je vous soumettrai quelques suggestions, et j'espère que vous en serez satisfait...

Suzanne s'intéresse beaucoup à la diététique; en une heure, elle a préparé un menu et l'a montré à son nouveau patron. Bien entendu, M. Trentin a été très content.

Voici le menu. Imaginez la conversation entre Suzanne et M. Trentin.

Monsieur Albert Trentin
recevra ses amis
le jeudi 10 mars à 23 heures.
Tenue de soirée.
28, Avenue Marigny, Paris 8e.

ARTS MENAGERS

« Ch. bonne à tt faire, sér., réf., diplômée électronique ou similaire pour s'occuper cuis. et ménage. »

LE MENU

A manger
Melon charentais
Pâté au lièvre
Jambon fumé
Crudités – radis au beurre
– champignons à la grecque et artichauts
Salade de tomates
Salade de laitue
Quiche Lorraine
Fraises en surprise
Fruits au choix

Café

Boissons
Chablis
Clos de Vougeot

Pouilly-Fuissé
Champagne

Cognac Liqueurs

7

Parmi les plats que Suzanne va préparer pour la réception, un des plus délicieux est LES FRAISES EN SURPRISE. En voici la recette. Vous aurez peut-être envie de l'essayer chez vous.

Fraises en surprise

Pour 6 personnes vous aurez besoin de :
250 grammes de fraises
150 grammes de sucre
1 sachet de sucre vanillé
2 cuillerées à café de farine de maïs
½ litre de lait
4 jaunes d'œufs

1. Laver rapidement les fraises, les couper en deux, et les mettre dans un bol avec un tiers du sucre.
2. Faire bouillir un verre de lait avec le restant du sucre et le sucre vanillé.
3. Dissoudre la farine de maïs dans le restant du lait; ajouter au lait chaud.
4. Faire cuire à feu doux et laisser épaissir en remuant constamment.
5. Battre les jaunes d'œufs et ajouter pendant que le mélange est encore chaud.
6. Verser la moitié de la crème dans un compotier, ajouter les fraises et remplir avec le restant de la crème.
7. Mettre à rafraîchir et servir bien frais.

Exercice

1. Ayant fait une liste des choses à acheter, Suzanne est allée en ville, armée d'un grand panier et de deux filets à provisions. Elle s'est arrêtée d'abord devant l'étalage d'un marchand des quatre saisons. Imaginez sa conversation avec le marchand.

LE MARCHAND Bonjour, mademoiselle. Qu'y a-t-il pour votre service?

SUZANNE

LE MARCHAND Très bien. Celles-là sont à quatre francs le kilo; elles sont très fraîches. Tenez, regardez-moi celle-ci; elles sont belles, n'est-ce-pas?... Combien en voudriez-vous?

SUZANNE

LE MARCHAND Et avec ça?

SUZANNE

LE MARCHAND J'en ai à un franc la pièce. Voilà, je les mets dans votre filet. Et avec ça?

SUZANNE

LE MARCHAND Très bien... Voilà. C'est tout?...

Evidemment, ce n'est pas tout. Continuez la conversation en consultant la liste de Suzanne (à la page 78). Imaginez les prix et, à la fin, faites vous-même l'addition. Malheureusement, ce n'est pas la saison des fraises. Donc, il faut que Suzanne aille dans un supermarché chercher des fraises congelées. Le marchand lui indique le supermarché Bondy qui se trouve tout près.

Déjeuner du matin

Il a mis le café	Dans le cendrier
Dans la tasse	Sans me parler
Il a mis le lait	Sans me regarder
Dans la tasse de café	Il s'est levé
Il a mis le sucre	Il a mis
Dans le café au lait	Son chapeau sur sa tête
Avec la petite cuiller	Il a mis
Il a tourné	Son manteau de pluie
Il a bu le café au lait	Parce qu'il pleuvait
Et il a reposé la tasse	Et il est parti
Sans me parler	Sous la pluie
Il a allumé	Sans une parole
Une cigarette	Sans me regarder
Il a fait des ronds	Et moi j'ai pris
Avec la fumée	Ma tête dans ma main
Il a mis les cendres	Et j'ai pleuré.

Jacques Prévert, *Paroles*, Editions Gallimard

La liste de provisions de Suzanne

LÉGUMES
8 belles laitues
2 kilos de tomates
500 grammes de champignons
1 kilo d'artichauts
du cresson
des radis
de l'ail
du persil

FRUITS
2 kilos de fraises (congelées)
2 kilos de pêches
2 kilos de bananes

8 melons
2 kilos de pommes
2 kilos de poires

NE PAS OUBLIER
2 kilos de pâté au lièvre
1 kilo de jambon
500 grammes de beurre
1 litre de crème
20 œufs
1 kilo de Gruyère
commander 50 petits pains
1 kilo de farine
Choisir vins et liqueurs

Jean-Luc me livrera les provisions jeudi après-midi.

Suzanne a passé toute la matinée en ville. Dans quels magasins est-elle allée?

est-elle allée	chez	le marchand de légumes? l'épicier? le boucher? le boulanger? le pâtissier? le charcutier? le pharmacien?

est-elle entrée	à	l'épicerie? la boucherie? la boulangerie? la pâtisserie? la charcuterie? la pharmacie? la confiserie? la laiterie? l'alimentation générale?
	au	supermarché? bureau de poste?

Pour être comme il faut

Quelques conseils et formules de politesse pour ceux qui sont invités chez des amis.

On vous invite

Ce qu'il faut faire :

Arrivez à l'heure à laquelle vous êtes attendu, qui n'est pas exactement celle à laquelle vous êtes invité. Entre un quart d'heure et une demi-heure de retard. Si vous devez avoir une heure de retard, téléphonez, en inventant un mensonge mondain, pour prévenir votre hôtesse.

Avant de partir, remerciez votre hôtesse. Vous pouvez alors trouver un mot aimable pour louer discrètement l'excellence et l'agrément de la soirée.

Ce qu'il ne faut pas faire :

Ne parlez pas avec une cigarette à la bouche.

Ne répandez pas la cendre de votre cigarette sur le tapis – et ne la mettez pas dans votre soucoupe!

Ne commencez pas toutes vos phrases par « Moi, je... ».

Ne vous grattez pas ostensiblement.

Si vous êtes invité à dîner :

Ne vous précipitez pas sur le pain avant que le repas ne soit commencé.

Ne mangez pas de pain avec le potage.

Surtout ne soufflez pas sur le potage pour le refroidir.

N'utilisez jamais de couteau pour manger une salade ; n'utilisez que la fourchette.

N'écrasez pas les pommes de terre – ni les petits pois non plus !

N'épluchez pas les fruits 'en spirale' ; Coupez-les en quartiers avant de les éplucher.

Ne laissez pas la cuiller dans la tasse.

Vous donnez une surprise-partie

La formule doit être très souple. Les invitations se font de vive voix ou par téléphone. S'il s'agit d'une réunion à la bonne franquette, les jeunes filles apportent le 'solide', les jeunes gens les boissons. Comme ce genre de réunion se prolonge en général assez tard, il est bon de prévoir des plats froids que l'on servira vers minuit.

Pour faciliter les danses, pensez à retirer des pièces les tapis, les meubles gênants, les bibelots fragiles. Et n'oubliez pas de prévenir vos voisins de l'étage du dessous pour qu'ils fuient s'ils en ont la possibilité.

A partir de minuit, baissez le pick-up. Ne laissez pas les fenêtres grandes ouvertes et abstenez-vous de danser le galop.

Si vos amis ne possèdent pas la 'grâce finale' ou, autrement dit, l'art de s'en aller, usez, puis abusez des allusions à l'heure tardive. « Mon père est terrible : il a tellement besoin de sommeil » ou « Les locataires du dessous sont odieux ! Si l'on fait le moindre bruit après onze heures du soir, ils nous envoient une lettre recommandée ! » Si la conversation s'endort, ne la réveillez surtout pas. Aux personnes susceptibles dites : « Eh bien, quand nous revoyons-nous ? »

d'après Françoise de Raucourt, *Savoir-Vivre*, Hachette

7

Modèles

L'IMPERATIF

A.

toi, Suzanne,		prépare	le café	prépare-le
		fais	la vaisselle	fais-la
		finis	tes préparatifs	finis-les
vous,	mademoiselle,	rangez	mon bureau	rangez-le
	mesdemoiselles,	faites	la lessive	faites-la
		écrivez	les invitations	écrivez-les
(Suzanne parle		faisons	le ménage	faisons-le
à Jacqueline)		allons	au marché	allons-y

L'IMPERATIF A LA FORME NEGATIVE

B.

	n'	écrasez	pas	les pommes de terre	ne	les	écrasez	pas
		épluchez		les fruits			épluchez	
ne		mangez		de pain	n'	en	mangez	
		soufflez		sur le potage		y	soufflez	

Exercices

2.
1. Dites à votre ami d'aller chercher le médecin.
2. Dites à votre mère de vous acheter des chaussettes.
3. Dites à l'employé de livrer les provisions chez vous.
4. Dites à vos amis de vous attendre devant le cinéma.
5. Dites à vos amis de se dépêcher.
6. Dites à votre sœur de s'en aller.
7. Dites à votre père de vous retrouver devant la gare.
8. Dites à vos amis de finir le travail plus tard.

3.
1. Dites à votre frère de ne pas se lever.
2. Dites à votre sœur de ne pas vous acheter de cadeau.
3. Dites à vos amis de ne pas s'en aller.
4. Dites à vos parents de ne pas se dépêcher.
5. Dites au professeur de ne pas vous attendre.
6. Dites à votre ami de ne pas s'en aller.
7. Dites aux jeunes filles de ne pas se tromper de chemin.
8. Dites à vos parents de ne pas oublier de venir vous voir.
9. Dites au facteur de ne pas laisser les paquets devant la porte.
10. Dites à votre sœur de ne pas faire la vaisselle.

4. Où est-ce qu'il faut aller pour acheter ces choses?

7

5. Vous allez entendre une question; la question sera répétée; choisissez alors la réponse ou la remarque qui convient le mieux.

1. Un chauffeur s'arrête dans un garage.
   a. C'est ici le poste des sapeurs-pompiers?
   b. Donnez-moi une bouteille d'huile et un kilo de sucre, s'il vous plaît.
   c. Je voudrais faire vérifier l'embrayage.
   d. Moi aussi, j'aimerais être pompiste.

2. Des amis discutent de ce qu'ils vont faire ce soir.
   a. Mais moi, je n'ai pas de raquette.
   b. Oh oui, j'aime bien la musique.
   c. Oui, il vaut mieux sortir que de rester à la maison.
   d. Non, nous avons assez écrit ce matin en classe.

3. Des touristes visitent un château, accompagnés d'un guide.
   a. Il y a vingt ans que le duc l'a donné à l'Etat.
   b. Vous savez que c'est un château normand.
   c. Nous serons là pendant une heure et demie.
   d. Les habitants du village travaillaient dans les champs là-bas.

4. M. Trentin vient de passer quinze jours de vacances à Nice.
   a. Non, je souffre trop du mal de mer.
   b. Non, je ne m'intéresse pas à l'archéologie.
   c. Oui, il y a longtemps que je n'ai vu ma mère.
   d. Bien sûr, j'avais grand besoin de me reposer un peu.

5. Carole rencontre une amie qui vient de sortir de l'hôpital.
   a. Oui, merci, et toi?
   b. Si, je viens de rendre visite à mon beau-frère.
   c. Non, je viens d'acheter un tube d'aspirine.
   d. Non, moi je préfère le printemps.

6. M. Trentin parle avec un ami qui est de retour d'un séjour à l'étranger.
   a. Oh, là, là! Je me suis beaucoup amusé.
   b. Tous les jours, il y a eu des éclairs et des coups de tonnerre.
   c. Il était onze heures et demie quand je suis parti.
   d. On m'a très mal compris quand je parlais la langue.

6.
A. Ecrivez la lettre dans laquelle Suzanne donne à une amie son emploi du temps chez M. Trentin et décrit les préparatifs qu'elle a faits pour la réception.
B. Faites le portrait d'un(e) ami(e) ou d'un personnage célèbre.
C. Vous avez envie de chercher un emploi pendant les grandes vacances. Composez une annonce pour un journal, donnant des détails sur votre âge, vos talents, vos goûts, etc.

7. Qui est-ce qui vend ces choses?

81

La surprise-partie 7

A. A l'aide des images ci-dessus, racontez ce que Nicolas et Paulette ont fait le soir où leurs parents sont allés au cinéma.

B. Préparez le programme d'une surprise-partie, y compris le menu, la liste des boissons, des disques. Imaginez une conversation téléphonique dans laquelle vous invitez une amie à votre surprise-partie. Qu'est-ce qu'elle va apporter? De la nourriture? Des disques? A quelle heure est-ce qu'elle va arriver? Est-ce qu'elle viendra toute seule ou avec un ami?

C. Vous venez d'aller à une surprise-partie. Ecrivez à votre hôte pour le remercier de vous avoir invité(e), et pour lui dire combien vous vous êtes amusé(e) chez lui. Vous pourriez peut-être proposer une autre surprise-partie qui aurait lieu chez vous la semaine prochaine.

D. Vous avez donné une surprise-partie pendant l'absence de vos parents qui sont allés voir une tante qui habite à la campagne. De retour à la maison ils trouvent un réfrigérateur presque vide, des verres cassés, des taches sur le tapis, la boîte à cigarettes vide. Imaginez la conversation entre votre mère et vous.

EXAMEN 7

1. **Write a piece of free composition in FRENCH giving the story which will be read to you and an outline of which is printed below.**
   You are advised:
   a. To confine your account to the material which is read to you and to write between 150 and 160 words;
   b. To write your account in the past tense;
   c. To revise your account very carefully;
   d. To enter at the end the number of words written.

Fruit salad

Dans le train — le capitaine et l'homme d'affaires — en face l'un de l'autre — méfiance mutuelle — l'heure du déjeuner — sortir un canif — maîtriser sa curiosité — la curiosité l'emporte — salade de fruits — questions et réponses.

Oxford and Cambridge

2. **Read the following passage carefully. A number of incomplete statements or questions, followed by four suggested completions or answers, are given after the passage. In each case select the answer that is best according to the passage.**

   Read the whole passage before attempting the answers.

Excursion dans la montagne

Un jeune homme tout essoufflé vint annoncer à Léna que l'autocar était réparé. Celui-ci arrivait d'ailleurs sur ses talons, brimbalant comme un tramway et soulevant un énorme nuage blanc. Quand la poussière se fut un peu dissipée, nous trouvâmes enfin la porte et nous entrâmes dans cet antique véhicule qui répondait au nom de famille de Dynamo.

La route se tortillait dans la montagne, nous croisions des femmes et des enfants juchés sur des ânes bibliques. Le grand plateau s'étalait devant nous, éclatant de lumière, de solitude désertique.

Et brusquement l'autocar s'arrêta.

Nous croyions déjà à une panne, mais Léna nous apprit qu'il fallait descendre et emprunter un petit sentier pour se rendre aux fameuses chutes. Une chaleur épouvantable tombait à la verticale sur nos épaules.

1. Le jeune homme avait constaté que
   a. le tramway devait s'arrêter là.
   b. le train était en retard.
   c. le car était prêt à partir.
   d. la voiture était en panne.

2. Le véhicule arriva
   a. dans un nuage de poussière.
   b. sous un orage spectaculaire.
   c. accompagné de la famille Dynamo.
   d. suivi d'un tramway.

3. Chemin faisant, nous avons rencontré
   a. des voitures élégantes.
   b. des hommes à cheval.
   c. d'autres voyageurs.
   d. un troupeau de moutons.

4. Pour arriver à destination on devait
   a. monter à dos d'âne.
   b. continuer à pied.
   c. traverser une rivière.
   d. prendre l'ascenseur.

J.M.B.

3. **Write in French, using the past tenses, about 150 words on the following subject, following the outline given (right). Write three paragraphs, each of about 50 words. State the exact number of words in each paragraph.**

Un touriste perdu dans Paris

a) Vous allez visiter Paris. (Quand? Avec qui? Pendant combien de temps? Décrivez le voyage et l'arrivée.)
b) Un jour, un de vos compagnons disparaît. (Qui? Quand? Comment découvre-t-on son absence? Qu'est-ce qu'on fait? Comment le cherche-t-on?)
c) On le retrouve. (Où? Comment? Que dit-il? Racontez la fin du séjour.)

Welsh Joint Education Committee

83

GRENOBLE
la plus dynamique des villes de France

Altitude 214 m — 300 000 habitants (avec sa proche banlieue) — à 577 km de Paris

La plus jeune des vieilles cités, Grenoble est devenue aujourd'hui l'incontestable capitale des Alpes. Située au centre d'un admirable bassin de montagnes (on dit qu'il y a une montagne au bout de chaque rue), c'est aussi la grande métropole des belles vacances, surtout des sports d'hiver.

Sur le blason de la ville, trois roses symbolisent aujourd'hui les trois grandes activités de la ville: l'UNIVERSITE, avec ses 25 000 étudiants, parmi lesquels ceux de 65 nations étrangères; l'INDUSTRIE — c'est ici le pays de la Houille Blanche; et le TOURISME.

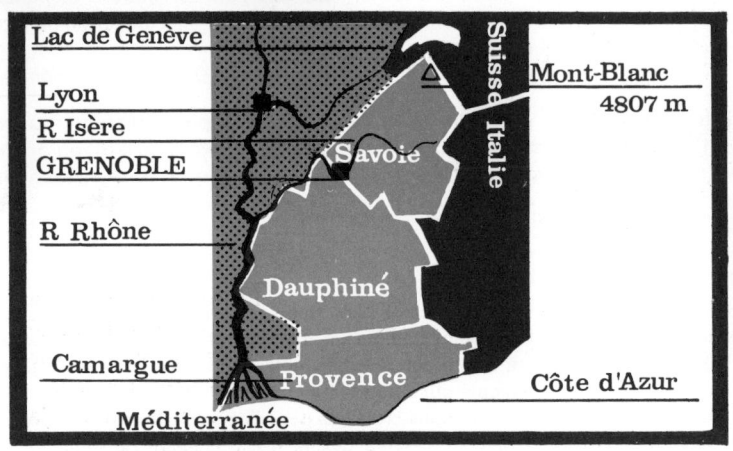

La situation géographique de Grenoble

Distances entre Grenoble et quelques grandes villes (km)

A ne pas manquer

1. *Le téléférique de la Bastille*
Panorama unique sur la ville et sur les chaînes jusqu'au Mont Blanc.

2. *Le Stade de Glace*
Véritable cathédrale des sportifs. 15 000 spectateurs. Architecture audacieuse.

3. *Le Domaine Universitaire*
Une réalisation d'avant-garde, unique en France.

4. *La Maison de la Culture*
« La plus belle d'Europe », a dit André Malraux.

5. *Le Palais de Justice*
Séduisant ensemble où se mêlent le Gothique et le Renaissance.

6. *La Tour d'Orientation du Parc Paul-Mistral*
Vestige intéressant de l'Exposition Internationale de la Houille Blanche, de 1925.

Le Téléférique de la Bastille —

le belvédère de Grenoble. une demi-heure suffit pour emprunter le téléférique de jour ou de nuit contempler un des plus beaux panoramas d'Europe et regagner **Grenoble!**
service tous les quarts d'heure
parking réservé gratuit
tarifs : montée 200F
montée-descente 400F
tarif collectif spécial

Une piste de bobsleigh

LES SPORTS D'HIVER

La piste de ski des Jeux Olympiques

La célèbre torche des Jeux Olympiques

Pour l'amateur des sports d'hiver, Grenoble est devenue la grande métropole des neiges. C'est la ville qui a été choisie pour les Xes Jeux Olympiques d'Hiver. Les skieurs olympiques sont partis il y a longtemps, mais il y reste toujours tous les équipements d'un centre international de sports d'hiver. On peut s'installer à Grenoble, dans un des nombreux hôtels, ou à une des stations de ski que les Jeux Olympiques ont rendues célèbres. On y pratique non seulement le ski, mais aussi les autres sports d'hiver — patinage de vitesse, patinage artistique, bobsleigh, hockey sur glace, saut, luge. Dans ces stations, tout skieur et toute skieuse trouveront les équipements dont ils ont besoin pour un séjour mémorable — remontées mécaniques, patinoires, anneaux de vitesse, pistes de luge tremplins, piscines chauffées à ciel ouvert, boîtes de nuit, et beaucoup d'autres distractions.

La Maison de la Culture

Pour de belles vacances, rendez-vous à

GRENOBLE

la plus dynamique des villes de France dans une région pittoresque de cîmes blanches

HOTELS DE RENOM, AUX PRIX MODERES
Piscine olympique, avec eau chauffée
Maison de la Culture, ouverte tous les jours
Auberge de Jeunesse
Nombreuses excursions dans une région montagneuse
Théâtre: Spectacles: Boîtes de nuit
Ville natale de Stendhal
Accès aux stations de ski
Leçons de ski: Location de skis
Consultez votre Agence de Voyages habituelle

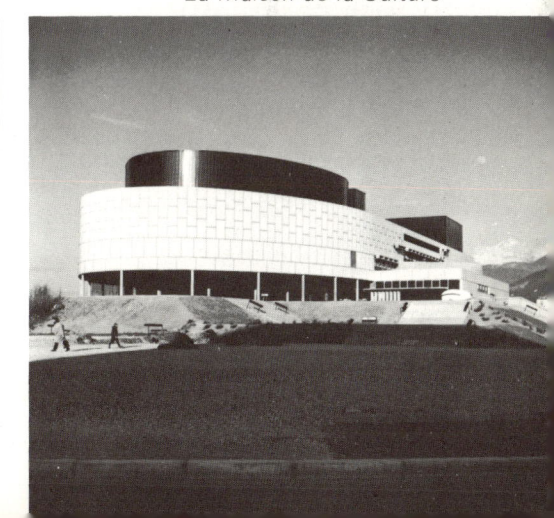

Les jumeaux terribles

8

TÉLÉGRAMME

REYNAUD 72 RUE VOLTAIRE PARIS 11ᵉ

ACCIDENT ROUTE. MÈRE ET PÈRE BLESSÉS. TÉLÉPHONER ANDRÉ.

Employé(es) Marie-Claude et Rosine
Client(e) Mme Reynaud
Adresse 72, rue Voltaire
Paris 11ᵉ
Tél. 127.66.12
Emploi garder deux enfants, neuf ans, pendant l'absence des parents, durée trois jours.

Autres renseignements

Ordre reçu par Brigitte
Date le 21 avril
Tarif 7 heures à 10 F à l'heure

Signature du client
Mme Reynaud

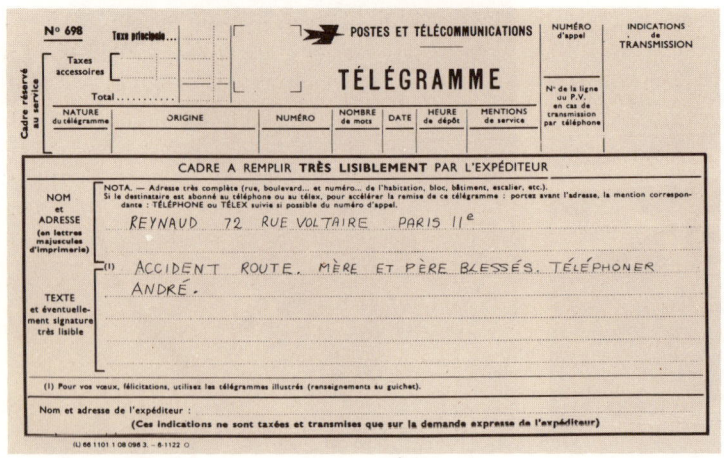

Dans les nouveaux bureaux de la Bande à Tout Faire les téléphones ne cessent jamais de sonner. La standardiste branche chaque appel sur la section responsable du service demandé par le client. Derrière elle, les dactylos tapent des lettres à la machine, copient des papillons ou des demandes d'emploi ou remplissent des fiches.

C'est le téléphone qui se trouve sur le bureau de Brigitte, chef de la section Garde d'enfants, qui vient de sonner. Elle parle en prenant une fiche.

— Allô, ici la section Garde d'enfants.

— Oh, est-ce que vous pourriez me tirer d'embarras, mademoiselle? Je viens de recevoir une nouvelle bouleversante. Mon père et ma mère ont été gravement blessés dans un accident de la route à Montréal. Je suis Canadienne, mais j'habite à Paris.

Mon mari et moi devons partir tout de suite, mais nous ne voulons pas emmener nos enfants. Une de mes amies va arriver dans trois jours, à la fin de la semaine, mais nous avons besoin de quelqu'un qui puisse garder les enfants jusqu'à son arrivée. En outre, notre femme de ménage est malade. Est-ce que vous pourriez envoyer deux de vos employés?

— Oui, madame, je crois que nous pouvons vous dépanner. Vos enfants ont quel âge?

— Ce sont des jumeaux de neuf ans; le garçon s'appelle Thomas et la fille Micheline.

— Et quand voulez-vous partir?

— Nous espérons prendre l'avion de ce soir à huit heures. Nous quitterons donc la maison à six heures.

— Très bien, madame. Il est maintenant tout juste quatre heures. Marie-Claude et Rosine seront chez vous à cinq heures. Est-ce que vous voudriez me donner quelques autres détails, s'il vous plaît?

1. Quelles différences y a-t-il dans les bureaux de la Bande depuis le commencement des opérations?
2. Pourquoi est-ce que Mme Reynaud est tellement agitée?
3. Pourquoi Mme Reynaud a-t-elle besoin de deux employés?
4. Comment est-ce que les Reynaud vont faire le trajet Paris–Montréal?
5. Quels autres détails est-ce que Brigitte a dû noter?

8

Deux employées de la Bande, Marie-Claude et Rosine, sont donc arrivées chez Mme Reynaud à cinq heures précises. Elles se sont trouvées dans un appartement très luxueux, mais dans le plus grand désordre. M. Reynaud, un homme d'une quarantaine d'années, grand et blond, était en train de faire les valises, tandis que les deux enfants jouaient, assis sur le tapis et entourés de beaucoup de jouets. Mme Reynaud, qui a ouvert la porte, était une petite brunette, de quelques années plus jeune que son mari. Elle avait l'air bouleversé, et elle était terriblement inquiète à la pensée de l'accident.

M. Reynaud a appelé sa femme en employant un ton un peu irrité.

A.

	Conversations	**ADAPTATIONS**
M. REYNAUD	Chérie, est-ce que tu as vu mon **complet bleu**[1]? Je ne le trouve pas. Tu l'as déjà mis dans la valise?	[1] chemise neuve
MME REYNAUD	Non, je l'ai envoyé **à la teinturerie**[2], mais j'ai mis ton **complet gris clair**[3] dans ta valise. Tu ne le vois pas?	[2] à la blanchisserie [3] chemise rayée
M. REYNAUD	Ah, si, le voilà. Mais je n'ai pas de **chaussettes**.[4]	[4] pyjama
MME REYNAUD	Je les ai toutes mises dans ma valise, et j'ai mis mes **bas**[5] dans la tienne, je suppose. Je suis tellement énervée que je ne sais pas ce que je fais.	[5] jupe
M. REYNAUD	Tu veux ton **tailleur**[6] blanc?	[6] robe
MME REYNAUD	Non, je vais porter celui-ci, le rose, et je veux que tu mettes l'autre, le noir, dans ta valise. Il n'y a plus de place dans la mienne.	

B. Vous allez en vacances avec votre frère ou votre sœur, mais vous êtes pressés tous les deux, et vous ne faites pas attention à ce que vous mettez dans les valises. Quand vous arrivez au bord de la mer, vous êtes obligés de trier les affaires. Voici la liste des choses qui ont été mélangées:
Imaginez la conversation.

le garçon: parfum · bikini · rouge à lèvres · bas · le dernier numéro de Mademoiselle Age Tendre

la fille: rasoir électrique · slip de bain · chemise à carreaux · brillantine · un roman policier

C. Enfin, vers six heures, les Reynaud sont prêts. Le taxi arrive, M. Reynaud descend les bagages, et M. et Mme Reynaud disent au revoir aux jumeaux. Mais ceux-ci ne veulent pas que leurs parents partent sans eux.
Imaginez la conversation.

Exercices

1. Avant son départ, Mme Reynaud avait donné à Rosine et à Marie-Claude des instructions et des listes. Elle leur avait montré où se trouvaient les provisions, les médicaments, le linge et les ustensiles dont elles auraient besoin.

a. Marie-Claude regarde dans l'armoire à pharmacie.
Qu'est-ce qu'il y a dedans? Qu'est-ce qu'on prend quand on a mal à l'estomac? quand on tousse, ou quand on a une angine? Qu'est-ce qu'il faut faire si on s'est coupé le doigt? si on a été piqué par une guêpe? Quand est-ce que l'on prend de l'aspirine?

b. Marie-Claude regarde dans l'armoire à linge.
A quoi servent les draps? les oreillers? les nappes? les serviettes?

2. Rosine regarde dans le garde-manger.
Qu'est-ce que Rosine a trouvé dans le garde-manger? dans le réfrigérateur? Qu'est-ce qu'elle a pris dans le réfrigérateur quand elle a eu faim pendant la nuit?

3. Marie-Claude a laissé tomber une tasse et l'a cassée. Elle est allée chercher une brosse et une pelle à poussière dans le placard où Mme Reynaud garde toutes les choses dont elle a besoin pour nettoyer, balayer, essuyer, brosser, cirer, astiquer, épousseter.
Qu'est-ce qu'il y a exactement dans le placard?

4. Rosine est un peu distraite. Elle oublie toujours où elle a mis les choses dont elle a besoin.

exemple

ROSINE   Où est la brosse?
MARIE-CLAUDE   Tu as dû la laisser dans la cuisine.
ROSINE   Ah oui, je l'y ai laissée.

Elle a perdu aussi la pelle à poussière, un torchon, des allumettes, sa montre, ses lunettes, son porte-monnaie, une grande cuiller.
Imaginez la conversation.

5. Mme Reynaud a donné aux baby-sitters le programme journalier des jumeaux – les heures des repas, les heures auxquelles ils doivent se lever, faire leur toilette, se promener, etc.
Qu'est-ce qu'elle a écrit?

6. Elle a dit aussi aux baby-sitters qu'il faudrait distraire les jumeaux pendant l'absence de leurs parents. Elle a proposé:
mercredi – Visite au zoo
jeudi – Pique-nique à la campagne
vendredi – Visite au cirque

a. Marie-Claude et Rosine racontent à leurs amis ce qui s'est passé pendant ces excursions. Imaginez la conversation.

b. Ecrivez une lettre dans laquelle les jumeaux racontent à leurs parents ce qui est arrivé.

c. Ecrivez la lettre que Marie-Claude a envoyée à Mme Reynaud.

7. Les jumeaux n'aiment pas du tout faire leur toilette, mais Marie-Claude est très sévère.

exemple

MARIE-CLAUDE   Micheline, tu t'es brossé les dents?
MICHELINE   Non, Marie-Claude, je ne veux pas.
MARIE-CLAUDE   Va le faire tout de suite, je t'ai dit cent fois de te brosser les dents.

Micheline et Thomas ne veulent pas se peigner, se laver les mains, s'habiller, ranger leurs jouets, boire du lait.
Imaginez les conversations. Marie-Claude s'énerve de plus en plus.

8. M. Reynaud a dû téléphoner à son bureau pour mettre sa secrétaire au courant. Voici les notes qu'elle a prises :

> Accident de route – beaux-parents blessés – prendre l'avion à Montréal – absent une semaine – possible de me joindre par téléphone – numéro dans carnet sur bureau – dire à M. Maraud pas possible d'aller à Tours mercredi – téléphoner à M. Dupuys pour arranger nouveau rendez-vous vendredi prochain 11h.

  a. Imaginez la conversation de M. Reynaud avec sa secrétaire.
  b. Qu'est-ce qu'elle a dit à M. Dupuys?
  c. Qu'est-ce qu'elle a dit à M. Maraud?

9. Mme Reynaud a téléphoné pour parler aux jumeaux le lendemain de son départ. Avant de parler aux enfants, elle a demandé à Rosine si tout allait bien.
Imaginez ses questions.

MME REYNAUD
ROSINE   C'est Rosine, madame Reynaud.
MME REYNAUD
ROSINE   Oui, tout va bien, madame.
MME REYNAUD
ROSINE   Oui, ils se sont amusés au restaurant et ils se sont couchés à dix heures.
MME REYNAUD
ROSINE   Non, ils se sont endormis tout de suite; ils étaient tellement fatigués.
MME REYNAUD
ROSINE   Micheline a très bien dormi, mais Thomas a eu des cauchemars.
MME REYNAUD
ROSINE   Non, ils n'ont pas voulu se lever ce matin.
MME REYNAUD
ROSINE   Oh, non, madame; nous nous débrouillons très bien!
MME REYNAUD
ROSINE   Nous comptons aller au zoo, comme vous l'avez suggéré.
MME REYNAUD
ROSINE   Oui, je vais les appeler tout de suite. Au revoir, madame.

Souvenirs d'enfance 8

Ces extraits racontent des épisodes de l'enfance de deux grands écrivains français.

Quand Jules Renard raconte l'histoire de la famille Lepic, c'est de sa propre famille qu'il fait le portrait. 'Poil de Carotte', le fils cadet de M. et Mme Lepic, c'est Jules Renard lui-même, quand il était enfant. Le petit garçon et sa mère ne s'aiment pas du tout. Mme Lepic ne paraît pas être très aimable. Voici un exemple de son attitude envers son fils cadet. La famille est à table, et Poil de Carotte est en train de manger.

Jules Renard

MADAME LEPIC	Poil de Carotte, réponds donc, quand on te parle.
POIL DE CAROTTE	Boui, banban.
MADAME LEPIC	Il me semble t'avoir déjà dit que les enfants ne doivent jamais parler la bouche pleine.

Dans ce deuxième extrait, on voit que Poil de Carotte est quelquefois têtu.

MADAME LEPIC	Mon petit Poil de Carotte chéri, je t'en prie, tu serais bien mignon d'aller me chercher une livre de beurre au moulin. Cours vite. On t'attendra pour se mettre à table.
POIL DE CAROTTE	Non, maman.
MADAME LEPIC	Pourquoi réponds-tu: non, maman? Si, nous t'attendrons.
POIL DE CAROTTE	Non, maman, je n'irai pas au moulin.
MADAME LEPIC	Comment! tu n'iras pas au moulin? Que dis-tu? Qui te demande?... Est-ce que tu rêves?
POIL DE CAROTTE	Non, maman.
MADAME LEPIC	Voyons, Poil de Carotte, je n'y suis plus. Je t'ordonne d'aller tout de suite chercher une livre de beurre au moulin.
POIL DE CAROTTE	J'ai entendu. Je n'irai pas.
MADAME LEPIC	C'est donc moi qui rêve? Que se passe-t-il? Pour la première fois de ta vie, tu refuses de m'obéir.
POIL DE CAROTTE	Oui, maman.
MADAME LEPIC	Tu refuses d'obéir à ta mère.
POIL DE CAROTTE	A ma mère, oui, maman.
MADAME LEPIC	Par exemple, je voudrais voir ça. Fileras-tu?
POIL DE CAROTTE	Non, maman.
MADAME LEPIC	Veux-tu te taire et filer?
POIL DE CAROTTE	Je me tairai, sans filer.
MADAME LEPIC	Veux-tu te sauver avec cette assiette?

Poil de Carotte se tait, et il ne bouge pas.

— Voilà une révolution! s'écrie madame Lepic sur l'escalier, levant les bras.

Jules Renard, *Poil de Carotte*, Flammarion

8

Marcel Pagnol, lui, décrit l'atmosphère très heureuse de sa vie de famille. Marcel était le fils aîné; et il aimait beaucoup sa mère et son père, qui était instituteur. Tout de même le petit garçon n'était pas toujours très sage...

Marcel Pagnol

Le petit Marcel fait sa toilette

Explication

¹ spécialistes qui, au cinéma, à la radio, reconstituent artificiellement des bruits

² = *tap*

³ produire un bruit sourd et prolongé

⁴ = *pipes*

⁵ coulait très vite en produisant des bulles

⁶ = *basin*

⁷ = *call of a ram*

⁸ mur, séparant deux pièces

⁹ le plancher   ¹⁰ = *(sheet) iron*

¹¹ = *jerky*

¹² un livre d'aventures

¹³ il a mis son pied sur le passage de l'agent pour le faire tomber

¹⁴ vibrer

¹⁵ = *in the time allowed*

Le jeudi était un jour de grande toilette, et ma mère prenait ces choses-là très au sérieux. Je commençai par m'habiller des pieds à la tête, puis je fis semblant de me laver à grande eau: c'est-à-dire que vingt ans avant les bruiteurs¹ de la radio-diffusion, je composai la symphonie des bruits qui suggèrent une toilette.

J'ouvris d'abord le robinet² du lavabo, et je le mis adroitement dans une certaine position qui faisait ronfler³ les tuyaux:⁴ ainsi mes parents seraient informés du début de l'opération. Pendant que le jet d'eau bouillonnait⁵ bruyamment dans la cuvette,⁶ je regardais, à bonne distance.

Au bout de quatre ou cinq minutes, je tournai brusquement le robinet, qui publia sa fermeture en faisant, d'un coup de bélier,⁷ trembler la cloison.⁸ J'attendis un moment, que j'employai à me coiffer. Alors je fis sonner sur le carreau⁹ le petit tub de tôle¹⁰ et je rouvris le robinet – mais lentement à très petits coups. Il siffla, miaula et reprit le ronflement saccadé.¹¹ Je le laissai couler une bonne minute, le temps de lire une page des Pieds Nickelés.¹² Au moment même où Croquignol, après un croche-pied¹³ à l'agent de police, prenait la fuite au-dessus de la mention 'A suivre', je le refermai brusquement. Mon succès fut complet, car j'obtins une double détonation, qui fit onduler¹⁴ le tuyau.

Encore un choc sur la tôle du tub et j'eus terminé, dans le délai prescrit,¹⁵ une toilette plausible, sans avoir touché une goutte d'eau.

Marcel Pagnol, *La Gloire de Mon Père (Souvenirs d'Enfance)*,
Editions de Provence

1. Do you think Mme Lepic acted unfairly towards Poil de Carotte in the first extract?
2. Why did Mme Lepic want Poil de Carotte to fetch the butter quickly?
3. What was Mme Lepic's first reaction to her son's refusal?
4. How did Marcel create the impression that he was washing?
5. How did he prefer to spend his time in the bathroom?

L'enlèvement

Exercices

10. Mme Baron a été obligée d'aller en visite chez sa sœur. Elle a laissé une liste de choses à faire pour son mari. Avant le retour de sa femme, M. Baron relit la liste.
    Qu'est-ce qu'il se dit?
    exemple   Oui, je l'ai lavé.

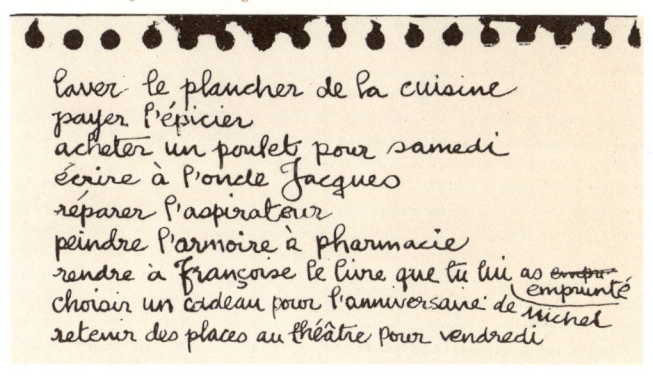

    > laver le plancher de la cuisine
    > payer l'épicier
    > acheter un poulet pour samedi
    > écrire à l'oncle Jacques
    > réparer l'aspirateur
    > peindre l'armoire à pharmacie
    > rendre à Françoise le livre que tu lui as emprunté
    > choisir un cadeau pour l'anniversaire de Michel
    > retenir des places au théâtre pour vendredi

    Oui, j'ai tout fait; maintenant je peux me reposer un peu.

11. Voici le billet que Mme Baron a acheté dans une agence de voyages. Vous allez entendre ce qu'a dit l'employé.
    Ensuite écrivez ce qu'a dit Mme Baron.

12. Qu'est-ce qu'il faut faire?
    exemple   Je me suis cassé la jambe.
    Il faut que vous alliez à l'hôpital.
    1. Je me suis coupé le doigt.
    2. L'avion décolle à huit heures; nous sommes en retard.
    3. Michel a été témoin d'un vol.
    4. Je n'ai pas d'argent.
    5. Jean-Pierre a peur de rater son examen.
    6. Les jumeaux sont très fatigués.
    7. L'ascenseur est en panne; vous voulez descendre.
    8. Je viens de trouver cette lettre.

13. La Bande Junior a ouvert un zoo pour se faire un peu d'argent.
    Ecoutez l'histoire et répondez aux questions.

14. Pourquoi?
    exemple   Rosine est fâchée – parce que les jumeaux ont cassé une tasse.
    1. Marie-Claude est en colère.
    2. Françoise est inquiète.
    3. M. Reynaud est content.
    4. Mme Baron est énervée.
    5. Micheline est fatiguée.
    6. Mme Reynaud est distraite.

Le Tour du Monde

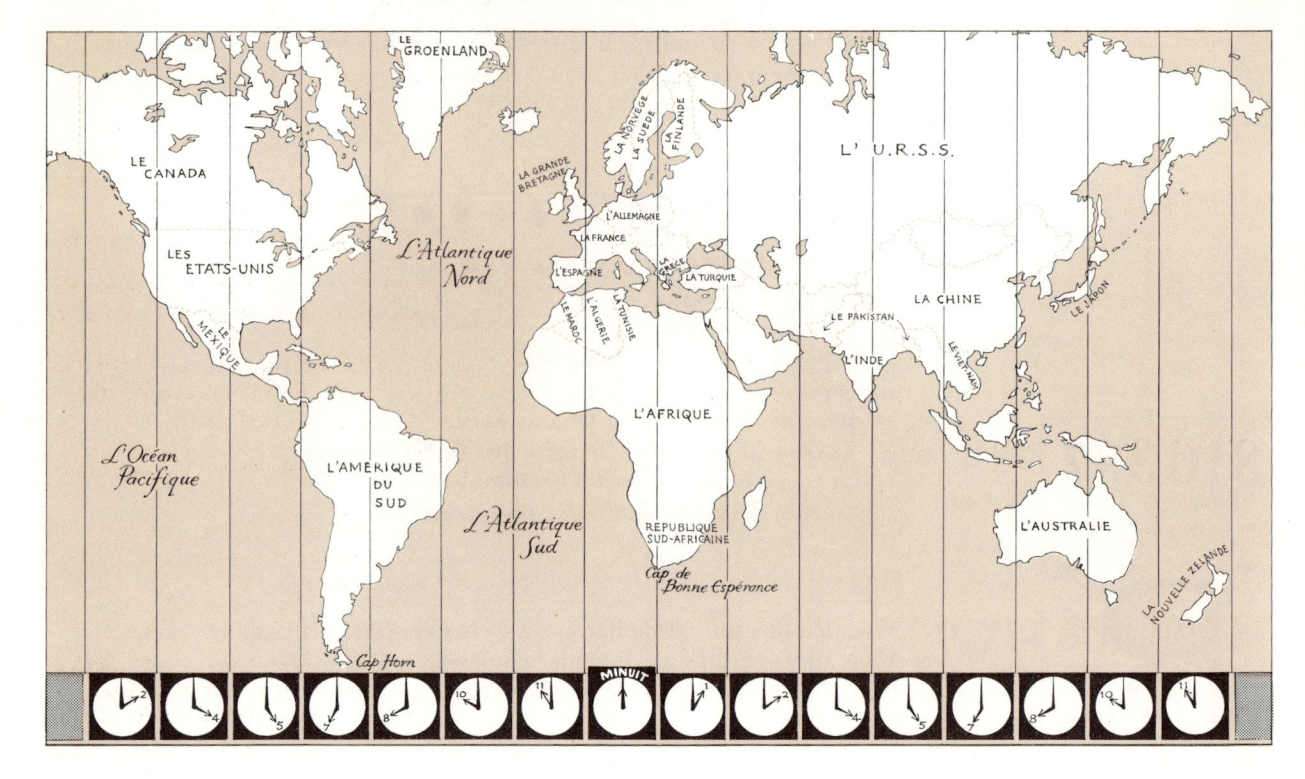

A. Nous sommes à Paris
la date – jeudi le 20 octobre   l'heure – trois heures du matin.
Quelle heure est-il...
– à Montréal?
– dans l'ouest des Etats-Unis?
– à Athènes?
– à Leningrad (dans le nord-ouest de l'URSS)?
– dans le sud-ouest de la Chine?

B. La durée du trajet Paris–Montréal est de sept heures quinze minutes.
Si on quitte Orly à dix-huit heures, à quelle heure est-ce qu'on arrive à Montréal?

C. Imaginez que vous allez faire le tour du monde en bateau à voile.
i. Quels préparatifs faites-vous? Qu'est-ce que vous embarquerez pour manger et pour boire? Quels vêtements prendrez-vous? Vous aurez besoin de médicaments et d'outils pour faire des réparations.
Rédigez-en une liste.
ii. Indiquez l'itinéraire que vous allez suivre.
iii. Le voyage durera un an.
Indiquez la date de votre départ et dites quand vous espérez arriver à différents endroits du parcours.

D. Rédigez le journal de bord pour une partie de votre voyage.
Notez le temps qu'il fait. Y a-t-il du brouillard, des orages, des éclairs, du tonnerre? D'où vient le vent? Avez-vous vu d'autres bateaux ou des avions? Avez-vous pêché? Comment passez-vous le temps?

EXAMEN 8

1. **Translate into English**

   ## Childhood memories

   Mon enfance n'a pas été très heureuse. Mon père tenait une épicerie, dans une des rues les plus animées de Perpignan. Je n'avais que douze ans lorsqu'il mourut.

   Il laissa toute la responsabilité des affaires à ma mère qui n'y comprenait pas grand-chose. Ma sœur, de deux ans plus jeune que moi, était de santé délicate.

   Surveillés de loin par ma mère et ma tante, nous caressions les chiens et les chats de celle-ci; nous allions pêcher des poissons rouges dans un bassin oblong, au fond d'un petit jardin.

   Nous amorcions nos lignes avec du pain parce que les vers nous dégoûtaient et que nous craignions de nous salir. C'est peut-être pourquoi nous rentrions toujours bien tristes.

   Cette tante nous laissa sa fortune qui était fort belle; ce qui permit à ma mère de se reposer enfin et à moi de pousser plus avant mes études.

   J.M.B.

2. **You are allowed two minutes in which to study the following instructions and summary before the passage is read. Additional instructions will have been given to you by the person who is to read the passage.**

   ## The absent-minded professor and the umbrellas

   Re-tell in FRENCH in 150–200 words the story which will be read to you and of which a summary is printed below. You are not expected to try to reproduce the story word for word, but you should give the principal points of it, and you should not introduce into your answer material which is not in the story read to you. The story contains about 200 words.

   Marks will be awarded both for comprehension of the story and for the quality of the language used in your answer.

   Your narrative should be written in the past tense.

   Summary of the story

   Le vieux professeur – sa distraction – les cadeaux – le parapluie du monsieur – chez le marchand de parapluies – le soir dans le train.

   Cambridge

3. **Write in French short compositions (70–80 words each) on TWO of the following subjects:**

   a. Ecrivez une lettre à votre correspondant(e) français(e) pour le (la) remercier de son invitation et pour lui donner les détails de votre voyage à Paris.
   b. Ecrivez une conversation qui commence ainsi : « Papa, est-ce que je peux aller passer le week-end au bord de la mer avec un groupe d'amis (d'amies) ? »
   c. Vous essayez de persuader un ami d'aller voir un film qui vous a beaucoup plu. Que dites-vous ?

   Cambridge

4. **Listen to the passage which your teacher will read to you. At the end you will have to answer in French questions in French on the passage. Your teacher will give you full instructions about the test.**
   The passage is entitled

   ## A hero's welcome prepared

   Oxford

Au Syndicat d'Initiative

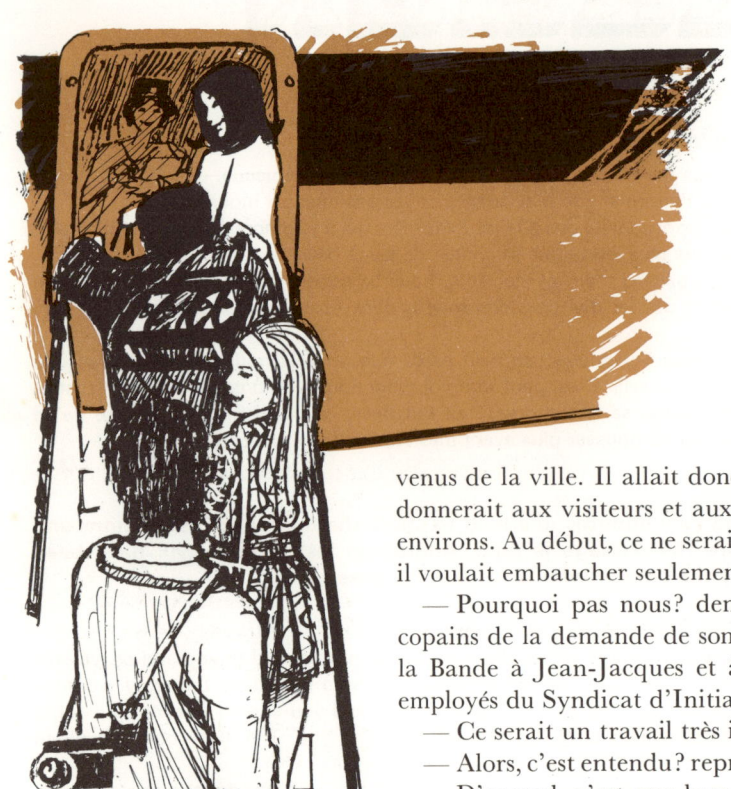

Un jour que Françoise travaillait dans son bureau, elle reçut un coup de téléphone de son oncle Gilles, qui était maire de la ville d'Arlège dans le Midi de la France. Celui-ci voulait savoir si la Bande pourrait lui fournir quatre employés, qui travailleraient pendant six semaines au Syndicat d'Initiative de la ville.

Arlège et les environs attiraient de plus en plus de touristes; l'oncle Gilles est un homme entreprenant, et il avait décidé d'encourager le tourisme dans sa commune, pour augmenter les revenus de la ville. Il allait donc fonder à Arlège un Syndicat d'Initiative qui donnerait aux visiteurs et aux touristes des renseignements sur la ville et ses environs. Au début, ce ne serait pas une entreprise importante; c'est pourquoi il voulait embaucher seulement des employés à temps partiel.

— Pourquoi pas nous? demanda Guy, quand Françoise eut informé ses copains de la demande de son oncle. « Nous pourrions confier les affaires de la Bande à Jean-Jacques et à Jacqueline pendant six semaines. Alors, les employés du Syndicat d'Initiative, ce serait Jean-Luc, Sylvie, toi et moi. »

— Ce serait un travail très intéressant pour les vacances, ajouta Sylvie.

— Alors, c'est entendu? reprit Jean-Luc. Qu'est-ce que tu en dis, Françoise?

— D'accord, c'est une bonne idée, acquiesça Françoise. « Je vais envoyer tout de suite un télégramme à l'oncle Gilles. »

— Nous pourrions prendre l'avion jusqu'à Perpignan, proposa Jean-Luc.

— Oui, et l'oncle Gilles pourrait venir nous chercher à l'aéroport dans sa voiture, dit Françoise. Toi, Sylvie, va chercher Jacqueline et Jean-Jacques. Dis-leur de venir nous voir cet après-midi à quatre heures. Nous leur donnerons tous les renseignements sur les affaires de la Bande.

— Moi, dit Guy, je vais téléphoner à l'aéroport pour savoir s'il est possible de réserver des places dans l'avion...

Voilà pourquoi, par un beau matin d'été, les quatre amis montaient dans un avion à l'aéroport du Bourget. Les affaires de la Bande en bonnes mains, ils allaient prendre des vacances tout en travaillant sous le soleil du Midi.

1. Pourquoi est-ce que le maire d'Arlège a téléphoné à Françoise?
2. Pourquoi est-ce un homme entreprenant?
3. Que feront Jacqueline et Jean-Jacques pendant que les autres seront dans le Midi?
4. Comment est-ce qu'on va faire le voyage de Paris à Arlège?
5. Imaginez le télégramme que Françoise a envoyé à son oncle.

Conversations 9

A. *Arrivés à Arlège, les quatre amis sont bientôt installés dans le nouveau bureau du Syndicat d'Initiative, tout près de la mairie, où l'oncle Gilles dirige les affaires de la commune.*

Leur premier travail est d'explorer la ville et ses environs, afin de les mieux connaître. En revenant de leur première visite de la ville, ils retrouvent l'oncle Gilles qui les attend devant le bureau.

LE MAIRE	Alors, qu'en pensez-vous, mes amis?
GUY	Elle n'est pas mal du tout, cette ville.
SYLVIE	Oh, elle est charmante. Il y a déjà tant de choses à faire. Il sera très facile d'encourager les visites touristiques.
FRANÇOISE	Il y a eu beaucoup de changements depuis ma dernière visite, oncle Gilles.
LE MAIRE	C'est vrai. Je me rappelle le jour où tu es venue ici avec ton père, il y a cinq ou six ans. Oui, on a fait des progrès depuis. Mais assez bavardé. Comment allez-vous vous organiser? Comment allez-vous vous répartir la tâche?
FRANÇOISE	Laisse-moi faire, oncle Gilles. J'ai déjà préparé un plan d'opérations.
SYLVIE	Qu'est-ce que tu as pour moi, Françoise? Rien de trop compliqué, j'espère.
FRANÇOISE	Non; tu vas te charger des renseignements et des réservations dans les hôtels, les restaurants et au port de plaisance. C'est toi qu'on viendra consulter si on a des problèmes de logement.
SYLVIE	Et qu'est-ce que je dois faire pour commencer?
FRANÇOISE	Eh bien, (*un peu agacée*) d'abord, va voir les propriétaires des hôtels et des restaurants, et aussi le directeur du port de plaisance. Interroge-les sur ce qu'ils peuvent offrir aux touristes, puis reviens nous donner leurs réponses.
SYLVIE	Bon, je m'en vais, tout de suite. Au revoir.
LE MAIRE	Quelle jolie fille! Enfin, je te laisse, Françoise. Evidemment tu n'as pas besoin de moi. Mais si tu as des problèmes, viens me voir.
FRANÇOISE	Bien sûr, oncle Gilles. Au revoir.
GUY	Et nous, qu'est-ce que nous allons faire, Jean-Luc et moi?
FRANÇOISE	Entrons. Je vais vous expliquer mes plans.

B. Sylvie se rend aussitôt à l'Hôtel du Mont-Blanc pour s'entretenir avec M. Cottard, le propriétaire. Mais, avant de l'interroger, il faut qu'elle lui explique ce que les copains essayent de faire pour la ville d'Arlège. Puis elle lui demande des renseignements sur son hôtel.
Imaginez la conversation entre Sylvie et M. Cottard.

C. Voici le plan d'opérations que Françoise a proposé aux autres.

SYLVIE	GUY	JEAN-LUC	FRANÇOISE
Renseignements et réservations dans les hôtels, les restaurants et au port de plaisance.	Autres renseignements sur la ville et ses environs, correspondance, téléphone, publicité.	Renseignements sur les stations voisines et les villes historiques de la région, organiser excursions et visites, transports.	Diriger opérations, écrire brochure, liaison avec l'oncle Gilles, surveiller Sylvie de près!

Imaginez la conversation au cours de laquelle Françoise discute avec Sylvie, Guy et Jean-Luc de ce qu'ils vont faire. Est-ce qu'ils auront beaucoup de temps libre?

Exercice

1. Une cliente téléphone au Syndicat d'Initiative.
Regardez le plan d'Arlège, puis imaginez les réponses de Guy.

LA CLIENTE   C'est le Syndicat d'Initiative d'Arlège?
GUY
LA CLIENTE   Je voudrais savoir s'il y a un camping municipal à Arlège?
GUY
LA CLIENTE   Pouvez-vous me dire exactement où il se trouve?
GUY
LA CLIENTE   J'ai quatre enfants. Comment pourraient-ils s'amuser si nous venions à Arlège?
GUY
LA CLIENTE   Y a-t-il quelque chose qui puisse intéresser mon mari?
GUY
LA CLIENTE   Ça a l'air intéressant. Qu'est-ce qu'il y a pour les femmes?
GUY
LA CLIENTE   Et qu'est-ce qu'on peut faire dans la région?
GUY
LA CLIENTE   Merci beaucoup, jeune homme. Vous êtes très aimable.

Problèmes

Voici quelques problèmes qui se sont présentés pendant la première semaine de l'existence du Syndicat d'Initiative.

1. Une femme voulait réserver deux chambres dans un hôtel pour trois semaines pour elle, son mari et ses trois enfants. Où s'adresser?
2. Un Suédois voulait savoir ce qu'il faut voir à Arlège.
3. Un jeune homme voulait savoir s'il est possible de camper à Arlège.
4. Un homme a téléphoné pour savoir s'il est possible d'apporter son bateau.
5. Une dame voulait savoir s'il est possible de faire des excursions intéressantes.
6. Le téléphone est tombé en panne.
7. L'oncle Gilles a voulu avoir un rapport sur le fonctionnement du Syndicat d'Initiative.
8. Un père de famille voulait savoir ce que ses enfants pourraient faire à Arlège.
9. Sylvie s'est enrhumée.
10. L'imprimeur a voulu avoir de la publicité pour l'imprimer avant la fin de la semaine.

Qui s'est chargé de résoudre ces problèmes, et comment?

Plan touristique de la ville d'Arlège

Voici le plan touristique d'Arlège qu'on vend au Syndicat d'Initiative.

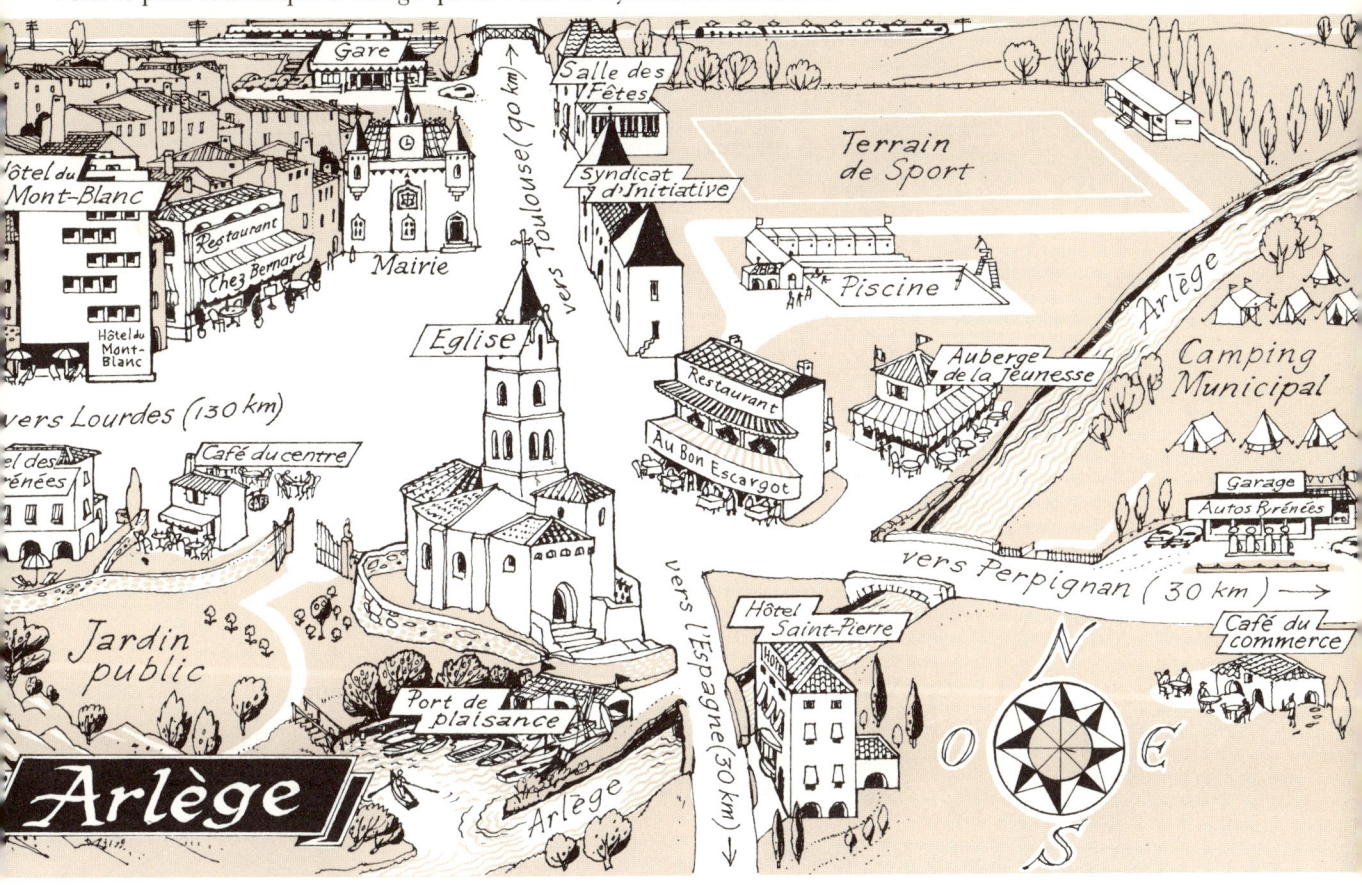

Excursions et visites

Voici la publicité écrite par Jean-Luc pour quelques excursions et visites qu'il a organisées.

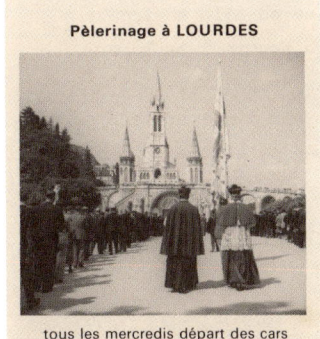

Pèlerinage à LOURDES

tous les mercredis départ des cars
à 9h devant la mairie. 23F.
(Visite facultative du château médiéval
de PAU. Supplément de 12F).

ANDORRE

où les montagnes (et même les vallées)
sont hautes, mais où les prix sont
les plus bas du monde.
Le vendredi départ à 10h devant
l'Hôtel des Pyrénées.
Prix 18F. Enfants demi-place.

ESPAGNE – BORD DE MER
Tous les deux pour un seul prix

Visitez La Costa Brava, Rosas, Ampurias,
La Escala. Le sable est fin, la mer est bleue.
Allez-y dans nos cars confortables.
Départ à 9h devant la mairie.
36F par personne.
Week-ends organisés sur demande.

Organisez vous-même d'autres excursions et écrivez la publicité.

9

Correspondance

A. Voici un télégramme que Jacqueline a envoyé à Françoise peu après l'arrivée de celle-ci à Arlège :

```
BARON, SYNDICAT D'INITIATIVE, ARLÈGE.

ESSAYÉ DE VOUS TÉLÉPHONER - VOTRE APPAREIL EN PANNE?
TOUT VA BIEN. DEMANDES REÇUES 76. TRAVAUX DÉJÀ FAITS 41.
EN COURS 18. IMPOSSIBLES 2. PERMISSION D'EMBAUCHER EMPLOYÉS?
RENVOYER ÉTIENNE? - INUTILE. CAMIONNETTE EN PANNE.
JEAN-JACQUES MALADE. NE T'EN FAIS PAS. LETTRE SUIT.
                                            JACQUELINE.
```

Ecrivez la lettre de Jacqueline, en donnant des détails, surtout à propos des travaux déjà faits, des employés qu'elle voudrait embaucher. Donnez aussi des nouvelles de la camionnette (qu'est-ce qui ne va pas?) et de Jean-Jacques.

B. Françoise a conclu qu'elle a besoin d'un(e) secrétaire.
Ecrivez-lui une lettre pour solliciter l'emploi, et donnez des précisions sur vos qualités personnelles.

C. Voici une lettre que Guy a reçue au Syndicat d'Initiative.

```
M. le Directeur
Syndicat d'Initiative                    Paris, le 2 juillet.
Arlège.

Monsieur,
        Je viens de lire dans mon journal votre publicité pour
la ville d'Arlège.  Il faut avouer que la ville, telle que vous
la décrivez, paraît un véritable paradis.  Je vous serais très
reconnaissant, monsieur, si vous m'indiquiez où elle se trouve
exactement.  Y a-t-il de bons hôtels où je pourrais me loger?
Je suis amateur de pêche.  Est-il possible de pratiquer ce
sport à Arlège?  Je voudrais également savoir d'une manière plus
précise quelles sont les "mille possibilités de s'amuser" dont
vous parlez dans votre publicité.
        Veuillez agréer, monsieur, l'expression de mes sentiments
les plus distingués,
                                            A Corot
```

Ecrivez la réponse de Guy à cette lettre.

Deux scènes de plage

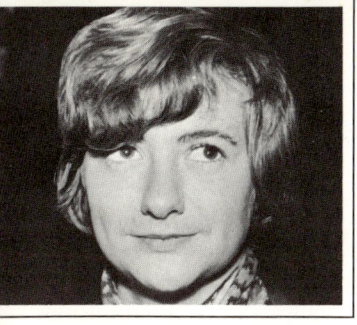

Françoise Sagan

Explication

[1] charmante
[2] cap élevé

[3] merveilleux
[4] = *overwhelmed*
[5] = *peeled*

[6] je me plongeais
[7] je me fatiguais
[8] non-coordonnés

[9] suivait
[10] = *sank*

[11] = *coarse*

[12] tendresse
[13] montraient envers moi

1. Cécile, l'héroïne, décrit le commencement de ses vacances sur la côte méditerranéenne, où son père a loué une villa pour l'été. Là, elle rencontre Cyril. C'est le commencement d'une aventure d'amour qui provoquera, en partie, cette tristesse qu'annonce le titre du roman.

Il avait loué, sur la Méditerranée, une grande villa blanche, isolée, ravissante,[1] dont nous rêvions depuis les premières chaleurs de juin. Elle était bâtie sur un promontoire,[2] dominant la mer, cachée de la route par un bois de pins; un chemin de chèvres descendait à une petite crique dorée, bordée de rochers roux où se balançait la mer.

Les premiers jours furent éblouissants.[3] Nous passions des heures sur la plage, écrasés[4] de chaleur, prenant peu à peu une couleur saine et dorée, à l'exception d'Elsa qui rougissait et pelait[5] dans d'affreuses souffrances. Mon père exécutait des mouvements de jambes compliqués pour faire disparaître un début d'estomac incompatible avec ses dispositions de Don Juan. Dès l'aube, j'étais dans l'eau, une eau fraîche et transparente où je m'enfouissais,[6] ou je m'épuisais[7] en des mouvements désordonnés[8] pour me laver de toutes les ombres, de toutes les poussières de Paris. Je m'allongeais dans le sable, en prenais une poignée dans ma main, le laissais s'enfuir de mes doigts en un jet jaunâtre et doux; je me disais qu'il s'enfuyait comme le temps, que c'était une idée facile et qu'il était agréable d'avoir des idées faciles. C'était l'été. Le sixième jour, je vis Cyril pour la première fois. Il longeait[9] la côte sur un petit bateau à voile et chavira[10] devant notre crique. Je l'aidai à récupérer ses affaires et, au milieu de nos rires, j'appris qu'il s'appelait Cyril, qu'il était étudiant en droit et passait ses vacances avec sa mère, dans une villa voisine. Il avait un visage de Latin, très brun, très ouvert, avec quelque chose d'équilibré, de protecteur, qui me plut. Pourtant, je fuyais ces étudiants de l'Université, brutaux,[11] préoccupés d'eux-mêmes, de leur jeunesse surtout, y trouvant le sujet d'un drame ou un prétexte à leur ennui. Je n'aimais pas la jeunesse. Je leur préférais de beaucoup les amis de mon père, des hommes de quarante ans qui me parlaient avec courtoisie et attendrissement,[12] me témoignaient[13] une douceur de père et d'amant. Mais Cyril me plut.

Françoise Sagan, *Bonjour Tristesse*, Julliard

Cécile avec Elsa et son père (une scène du film).

1. Describe the position of the villa in which Cécile spent her holidays.
2. Why was Elsa less fortunate than Cécile?
3. How did Cécile spend her time at the beach?
4. How did Cécile first meet Cyril?
5. Why did Cécile prefer older men?

9

2. *Dominique, une jeune étudiante, va à Cannes en voiture, avec son amant, Luc. C'est la première fois qu'elle voit la mer.*

Explication

[1] parfait

[2] répondre   [3] des gestes
[4] montra

[5] devenant pâle

La mer était une chose surprenante; je regrettai un instant que Françoise ne fût pas là pour pouvoir lui dire qu'effectivement elle était bleue avec des rochers rouges et un sable jaune, et que c'était très réussi.[1] J'avais eu un peu peur que Luc ne me la montrât avec un air de triomphe et en guettant mes réactions, ce qui m'eût obligée à répliquer[2] par des adjectifs et une mimique[3] admirative, mais il me la désigna[4] juste du doigt en arrivant à Saint-Raphaël.

— Voilà la mer.

Et nous roulâmes lentement dans le soir, la mer blémissant[5] près de nous jusqu'au gris.

Plus tard, au cours d'une quinzaine idyllique en compagnie de Luc, Dominique jouit des plaisirs de la baignade[6] dans la Méditerranée et des bains de soleil sur la plage de Cannes.

[6] des bains de mer

[7] étendu
[8] plate-forme de bois

[9] calme   [10] plonger

[11] peur
[12] vola   [13] la côte
[14] m'allonger   [15] = *showering*

Je me souviens d'un moment d'exaltation, un matin. Luc était allongé[7] sur le sable. Je plongeais du haut d'une sorte de radeau.[8] Puis je montai sur la dernière plate-forme du plongeoir. Je vis Luc et la foule sur le sable, et la mer complaisante[9] qui m'attendait. J'allais tomber en elle, m'y enfouir;[10] j'allais tomber de très haut et je serais seule, mortellement seule, durant ma chute. Luc me regardait. Il fit un geste d'effroi[11] ironique et je me laissai aller. La mer voltigea[12] vers moi; je me fis mal en l'atteignant. Je regagnai le rivage[13] et vins m'effondrer[14] contre Luc en l'aspergeant;[15] puis je posai ma tête sur son dos sec et lui embrassai l'épaule.

— Es-tu folle... ou simplement sportive? dit Luc.

— Folle.

— C'est ce que j'ai pensé avec fierté. Quand je me suis dit que tu plongeais de si haut pour me rejoindre, j'ai été très heureux.

— Es-tu heureux? Je suis heureuse. Je dois l'être en tout cas, puisque je ne me le demande pas. C'est un axiome,[16] n'est-ce pas?

[16] c'est évident
[17] estomac
[18] = *the back of his neck*

Je parlais sans le regarder, puisqu'il était allongé sur le ventre,[17] et je ne voyais que sa nuque.[18] Elle était bronzée et solide...

— Il fait beau, dis-je; il fait très beau...

Et, me retournant sur le dos, je m'endormis.

Françoise Sagan, *Un Certain Sourire*, Julliard

Dominique et Luc se reposent sur la plage.

1. What were Dominique's first impressions on seeing the sea?
2. Why was she a little afraid at the thought of seeing the sea for the first time?
3. Why did the sea appear to change colour?
4. What did Luc do while Dominique was swimming and diving?
5. What did Dominique do when she came out of the sea?

Exercices

2. Un lundi matin, Guy était de service dans le bureau du Syndicat d'Initiative. Il a dû répondre à beaucoup de questions.

a. Qu'est-ce qu'on lui a demandé?

exemple Est-ce qu'il y a une excursion à Lourdes?
On lui a demandé s'il y avait une excursion à Lourdes.

1. Y a-t-il une station de ski près d'ici?
2. A quelle distance sommes-nous de l'aéroport de Perpignan?
3. Où est la plage la plus proche?
4. Est-il possible de visiter le château de Pau?
5. Est-ce vous qui avez fondé ce Syndicat d'Initiative?

b. Qu'est-ce qu'il a proposé à ses clients de faire?

exemple Pourquoi ne pas aller en Espagne?
Il leur a proposé d'aller en Espagne.

6. Pourquoi ne pas aller faire du ski?
7. Pourquoi ne pas visiter Lourdes?
8. Vous devriez aller voir le maire.
9. Pour y arriver il faut prendre l'autocar.
10. Pourquoi ne pas consulter la liste des excursions?

3.

a. Qu'est-ce qu'ils font? Depuis combien de temps?

exemple Guy parle au téléphone depuis une demi-heure.

| 30 min | 45 min | 8 h | 1½ h | 15 min | 11 h | 15 jours |

b. Qu'est-ce qu'ils faisaient? Depuis combien de temps?

4. Complétez les phrases suivantes en employant l'imparfait ou le conditionnel. Employez le verbe ou l'expression qui se trouve dans la colonne de droite.

1. Si on allait passer ses vacances à Arlège...
2. Si l'oncle Gilles n'était pas maire de la commune...
3. Jean-Luc aimerait aller à l'étranger...
4. Sylvie serait plus utile à la Bande...
5. Si Françoise était à Paris...
6. S'il y avait une plage à Arlège...
7. L'agent dit qu'il arrêterait les jeunes si...
8. Nous irions consulter le médecin si...
9. Si j'avais une voiture et une caravane...
0. Si le car était en retard...

s'amuser bien
le Syndicat d'Initiative
de l'argent
plus intelligente
beaucoup à faire
plus de touristes
se tenir comme il faut
être malades
aller à l'étranger
prendre le train

9

Echange n'est pas vol!

Les deux chauffards

Ecoutez l'histoire que le professeur va vous lire; puis répondez aux questions suivantes:

1. Comment sont les rues de Paris?
2. Qu'est-ce que les conducteurs cherchent à faire?
3. Pourquoi ne peuvent-ils pas stationner?
4. De quoi est-ce que les deux conducteurs s'aperçoivent?
5. Quelle est la marque de la voiture que le jeune homme conduit?
6. Qu'est-ce que le gros monsieur conduit?
7. Qui arrive le premier à la place libre?
8. Qu'est-ce qu'il fait?
9. Qu'est-ce qu'il crie?
10. Est-ce que cela amuse le gros monsieur?
11. Que fait le gros monsieur après avoir fait marche arrière?
12. Est-ce que le jeune homme est surpris?
13. Que fait le gros monsieur ensuite?
14. Qu'est-ce qu'il dit?

Maintenant, racontez toute l'histoire.

EXAMEN 9

1. **Composition**
   Write in FRENCH using the PAST TENSES about 150 words on the following subject, following the outline given below. Write *three* paragraphs, each of about 50 words. State the *exact* number of words in each paragraph.

   La récompense inattendue
   a. Un jour vous allez en ville. (Pourquoi? Avec qui? Quel jour? Quel temps fait-il? A quelle heure?)
   b. Vous voyez une dame qui tombe et vous allez l'aider. (Que fait-elle? Comment est-elle habillée? Que faites-vous? Qu'est-ce qui se passe après?)
   c. On vous donne une récompense. (De l'argent? Un cadeau? Qui? Où? Quand? Qu'est-ce que vous en faites? Que dit-on à la maison et à l'école?)

   Welsh Joint Education Committee

2. **Aural comprehension**
   Listen carefully to the passage which will be read to you. Then answer in English the following questions. Complete sentences are NOT required.
   SECTION A
   1. At what time did the detective rise from the table?
   2. What was unexpected for October?
   3. Whom could the detective's wife see through the window? What were these persons doing?
   4. How did these persons manage to keep warm?
   SECTION B
   5. What interrupted the detective's last cup of coffee? What did he do as a result?
   6. What had Dupeu been doing when he had received a telephone call? Who had made the call and what was wrong?
   7. Why did the detective explain to his wife who it was who was telephoning him?
   SECTION C
   8. What did the detective put on before going out?
   9. How did he set off from home and how did he complete the journey?
   10. What evidence was there at the Etoile that few people were up and about?

   J.M.B.

3. **Conversation**
   A. 1. Quels sont les pays voisins de la France?
      2. Qu'est-ce qu'un département?
      3. Dans quels pays parle-t-on français?
      4. Quelle est la situation géographique de Paris?
      5. Quelle est la valeur actuelle d'une livre sterling en France?

   B. 6. Quelle est l'importance du Rhin?
      7. Quelles sont les principales régions montagneuses de la France? Où se trouvent-elles?
      8. Quelle est l'importance de Lille, de Marseille?
      9. Décrivez le département du Nord.
      10. Nommez trois provinces françaises et dites ce que vous savez de l'une d'entre elles.

   J.M.B.

La Belle Époque

Marie Curie

Pierre Auguste Renoir

Jacques Offenbach

Pendant les dernières années du dix-neuvième siècle et les premières du vingtième, la vie parisienne est placée sous le signe de l'élégance et de la gaieté... Paris, la Ville Lumière, est le cœur du monde artistique et culturel, mais aussi un centre scientifique.

Les Parisiens se pressent au théâtre pour voir une farce de Feydeau ou de Labiche, au concert, pour écouter la musique de Debussy, d'Offenbach ou de Saint-Saëns, aux cabarets ou aux cafés-concerts, pour boire du champagne, pour écouter un des célèbres chansonniers du moment, ou pour regarder danser le can-can ou le quadrille naturaliste. L'artiste Henri de Toulouse-Lautrec passait ses soirées avec ses amis au Moulin Rouge ou au Chat Noir...

On pouvait danser au Moulin de la Galette, ou à un café-dansant sur les bords de la Seine ou de la Marne.

Par un beau dimanche d'été, on faisait une promenade dans le Bois de Boulogne, peut-être à pied, peut-être à bicyclette. Le cyclisme devenait déjà une vraie folie en France. Il y avait dix millions de cyclistes, et les foules se passionnaient pour les courses qui avaient lieu aux nouveaux vélodromes de Buffalo et de la Seine. Il y avait aussi, bien sûr, les courses de chevaux aux hippodromes de Longchamps, de Vincennes et d'Auteuil.

« La Loge » de Renoir

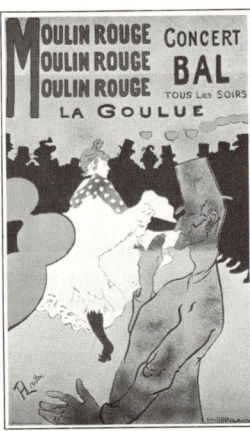

« La Goulue au Moulin Rouge » de Toulouse-Lautrec

Pierre et Marie Curie, cyclistes

Un des premiers avions

Voiture 1895

La Tour Eiffel

La Belle Époque

Louis Blériot

Gustave Eiffel

Henri de Toulouse-Lautrec

La vie à cette époque, du moins pour les riches et les bourgeois, se déroulait à une allure lente et rythmée; elle était riche en loisirs et en gaieté.

Mais le nouveau siècle apporte des révolutions, des découvertes, des inventions et des progrès scientifiques et techniques, qui vont changer la vie de tous les habitants de la France et du monde entier.

Les premiers aviateurs réussissent à voler. En 1909 Louis Blériot traverse la Manche.

Il y a déjà beaucoup d'automobiles sur les routes de France. Les premières courses d'auto ont lieu et Paris connaît ses premiers embouteillages.

Le téléphone rend les communications plus faciles, et on fait des expériences avec la télégraphie sans fil.

Pour le moment, le phonographe, dont un des inventeurs est le Français, Charles Cros, reste un jouet, comme le cinématographe.

Mais la plus grande révolution de l'époque est la découverte de la radio-activité par les Curie. Cette découverte marque la naissance d'un âge nouveau: l'Age Atomique.

L'élégance de l'époque

La circulation sur un boulevard

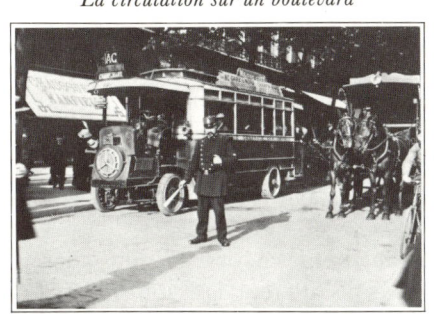

Le Moulin de la Galette

Un des premiers téléphones

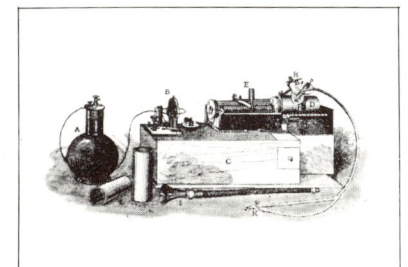

Un phonographe

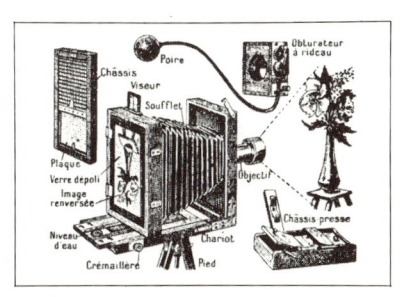

Un appareil photographique

107

On retape la vieille maison

10

Les quatre copains étaient assis à la terrasse de l'hôtel, au bord de la rivière. C'était le soir et ils étaient assez fatigués après une journée de travail au Syndicat d'Initiative. Leurs efforts, depuis leur arrivée un mois avant, avaient été couronnés de succès, et la ville d'Arlège devenait un vrai centre touristique.

Sylvie avait pris un magazine, qu'elle lisait sans grand intérêt, lorsque Françoise, qui regardait par-dessus l'épaule de son amie, remarqua un article sur de vieilles maisons de campagne qu'on avait remises à neuf.

— Dis donc, ce serait formidable, n'est-ce pas? Je voudrais bien trouver une maison comme ça et la retaper.

— Mais il ne reste presque plus de maisons à retaper maintenant. Dans chaque ferme, on trouve une famille parisienne, qui l'a achetée pour ses week-ends ou ses vacances.

L'oncle Gilles venait d'arriver pour prendre un verre, avant de rentrer à la maison. Il écoutait la conversation avec intérêt.

— C'est vrai que beaucoup de vieilles maisons ont déjà été modernisées, mais il en reste pas mal dans ce pays, perdues sur les collines ou dans les vallées. A vrai dire, je viens moi-même d'hériter d'une vieille ferme.

Françoise, comme toujours, pleine d'enthousiasme dès qu'il s'agit d'un nouveau projet, s'aperçut tout de suite des possibilités :

— Dis donc, mon oncle, si on passait quelques semaines à la retaper? Tu m'as dit qu'Arlège a besoin d'hôtels, de pensions et de villas à louer pour les touristes. Nous donnerions le bon exemple aux autres habitants.

— Ah oui, tu as raison, Françoise. Demain matin, nous irons voir la maison. Mais, je t'avertis, avant que tu la voies : elle est dans un état épouvantable.

Le lendemain matin, les copains allèrent retrouver l'oncle Gilles à la mairie. Tous s'installèrent dans son Ami 6, sans oublier le panier de provisions. L'oncle Gilles démarra, et prit la direction des collines qui s'élèvent à l'ouest de la ville. La route – à vrai dire, un chemin – montait entre des prés bordés de cyprès, vers les pentes rocheuses.

Au bout d'un quart d'heure, l'oncle Gilles freina, et la voiture s'arrêta à un croisement. Les copains contemplèrent le paysage magnifique qui s'étendait devant eux.

Ils prirent le chemin à droite, qui montait toujours vers les collines. Au bout d'un kilomètre ils s'arrêtèrent devant la propriété – une des plus isolées de la commune. Invisible de la route, la vieille maison blanche était à demi cachée derrière des cyprès.

1. Combien de temps est-ce que les copains ont déjà passé à Arlège?
2. Est-ce que le travail de la Bande a réussi? Quels en sont les résultats?
3. Pourquoi un Parisien aurait-il envie de remettre à neuf une vieille maison de campagne?
4. Où est-ce qu'on pourrait encore trouver des maisons à retaper?
5. Pourquoi Françoise veut-elle retaper la maison de l'oncle Gilles?

Conversations

10

A. *Françoise et ses copains se sont arrêtés en apercevant la maison et le panorama qui s'étend devant eux.*

FRANÇOISE	Mais c'est parfait!
SYLVIE	Un vrai coin de paradis. Quelle vue!
GILLES	La vue est vraiment superbe, n'est-ce pas?
GUY	Depuis que nous sommes à Arlège, nous n'avons pas eu le temps de faire des promenades à la campagne, mais ça vaut la peine de venir ici, rien que pour le paysage.
JEAN-LUC	Ce serait merveilleux de travailler ici.
SYLVIE	Regardez donc, la ville est là, là-bas, en face. On voit tout d'ici: les routes, les chemins et les rivières, comme sur une carte.
FRANÇOISE	Oncle Gilles, la maison est vraiment à toi? Tu ne te moques pas de nous?
GILLES	Mais non, Françoise. La maison – et les dix hectares de terrain qui l'entourent.
JEAN-LUC	Mais, monsieur, comme vous nous l'avez dit, la maison est en très mauvais état. Ça coûterait assez cher de la retaper.
GILLES	Vous avez raison, Jean-Luc, vous êtes toujours le réaliste de la bande. Mais j'ai aussi hérité d'une somme d'argent, que je suis prêt à consacrer à la restauration de la propriété.
FRANÇOISE	Il faut dresser une liste des choses qu'il faut faire.
SYLVIE	Oh Françoise, encore une liste!
GILLES	Mais d'abord, déjeunons. Apportez le panier, s'il vous plaît, Guy. Nous allons nous installer sur la terrasse.
JEAN-LUC	Et voilà une bouteille de vin blanc que j'ai apportée. On va boire au nouveau projet, n'est-ce pas?

B. *Après avoir déjeuné, les copains examinent de près la maison et les environs. Françoise prend des notes dans son carnet, pendant qu'ils passent de pièce en pièce.*

GILLES	L'entrée principale est par ici, au fond de la cour.
GUY	Les écuries, les étables et les granges sont encore assez solides.
FRANÇOISE	Oui, il serait assez facile de les aménager. On pourrait les transformer en chambres ou en restaurant.
GILLES	Mais entrons. Vous voyez, il y a une très grande pièce au rez-de-chaussée. Qu'il fait noir ici. Je ne vois rien, la fenêtre est tellement petite. Oh là, là, une toile d'araignée!
JEAN-LUC	Cette pièce donne sur la terrasse. On pourrait sans doute percer de grandes fenêtres, mais il faut penser à la chaleur. Ces vieilles maisons sont très fraîches à l'intérieur, à cause des murs épais et des petites fenêtres.
GILLES	Il y a une espèce de cuisine derrière la grande salle, mais elle est toute délabrée; il faudra la refaire complètement.
FRANÇOISE	A moins qu'on ne se serve de cette grange qui est adossée à la maison.
GILLES	Montons au premier étage. Attention à l'escalier; il y a des marches qui manquent.

C. **Imaginez la conversation des copains au premier étage.** Il y a trois grandes chambres, mais il n'y a pas de salle de bain. Il serait possible de diviser les grandes chambres, pour en faire six; on aurait besoin d'armoires; toute l'installation sanitaire serait à faire, l'électricité à poser, etc. La maison est très solidement bâtie, mais les planchers, les fenêtres et le toit ont besoin d'être réparés.

Le paysage

A. Voici le panorama qu'on découvre de la ville d'Arlège. La Maison Blanche est signalé par une flèche.
Décrivez la route qu'on suit pour arriver à Arlège, en partant de la Maison Blanche.
B. Imaginez la carte postale qu'un touriste écrirait pour décrire le paysage.

C. Françoise a essayé d'imaginer comment on pourrait aménager le terrain qui entoure la maison. Voici le croquis qu'elle a esquissé.

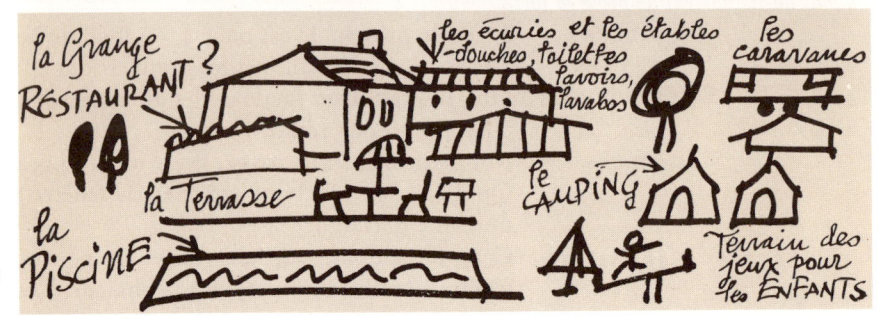

Imaginez que vous êtes venu à la Maison Blanche avec votre famille pour y passer les vacances, deux ans après que la Bande a eu terminé les travaux d'aménagement.
Ecrivez une lettre à un(e) ami(e), pour décrire la maison et ses environs.

D. Comment est-ce que vous passeriez le temps si vous étiez en vacances à Arlège?

E. Décrivez la maison de vos rêves.
Où se trouve-t-elle? Dans quel pays? A la campagne ou en ville? Comment est-elle? basse, haute, longue, large, vieille, neuve? En quoi est-elle construite – en brique, en pierre, en bois, en béton, en plastique? Combien de pièces a-t-elle? Y a-t-il un jardin, une piscine, un tennis?

Exercices

10

Françoise Hôtel – aménager les étables et les écuries en chambres – la grange en restaurant – bâtir piscine, tennis, et, plus tard, villas.

Sylvie Centre artistique – aménager la grange en studio pour peinture, sculpture, céramique – bâtir salle pour concerts folkloriques, loger les artistes au village.

Jean-Luc Auberge de la Jeunesse – loger les jeunes dans la grange et les écuries – restaurant dans la grande pièce du rez-de-chaussée.

Guy Camping – beaucoup d'espace pour tentes et caravanes sous la terrasse. Installer toilettes et douches dans la grange et les étables. Plus tard, restaurant et supermarché.

1. Chacun des copains a fait des suggestions pour restaurer la vieille maison. Chacun a pensé aux possibilités qu'elle offre. Voici leurs notes (à gauche).
Qu'est-ce qu'ils ont dit en expliquant leurs idées? Imaginez la conversation.

2. Quels sont les inconvénients et les avantages de ces suggestions? Faites-en la liste.
Est-ce qu'un hôtel coûterait trop cher à bâtir? Est-ce que les jeunes voudraient venir à cette maison isolée?

3. Enfin l'oncle Gilles a décidé qu'il vaudrait mieux installer un camping, parce qu'il voudrait attirer des familles à Arlège. Plus tard il sera toujours possible d'incorporer ces autres idées, si tout va bien.
Imaginez la conversation au cours de laquelle l'oncle Gilles explique ses projets à Françoise.

4. L'oncle Gilles a prononcé un discours à la fête d'Arlège, au cours duquel il a expliqué son projet. Qu'est-ce qu'il a dit?
Faites un reportage à l'intention du journal du pays.

5. C'est en 1970 que les habitants d'Arlège décidèrent de faire de leur ville un centre touristique. A l'occasion d'une fête locale, ils décorèrent les rues et les maisons de la ville avec des massifs de fleurs et des fleurs en pots. Et maintenant, le commissariat général au Tourisme vient de décerner le premier prix du Concours des Villages Fleuris à Arlège.
Vous habitez un village voisin d'Arlège. Ecrivez une lettre au journal du pays pour suggérer que les habitants du village décorent leurs rues et leurs maisons et participent au Concours des Villages Fleuris. Donnez les raisons pour lesquelles cela serait avantageux pour la commune.

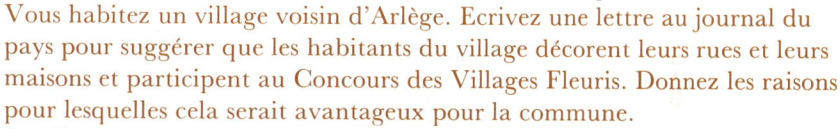

6. Guy est paresseux aujourd'hui, car il fait très chaud. Les autres travaillent, mais lui préfère se reposer près de la citerne que la Bande vient de terminer.
Qu'est-ce que Jean-Luc lui dit?

JEAN-LUC *(curieux)*
GUY Oh, je ne sais pas; peut-être une heure, peut-être deux.
JEAN-LUC *(étonné)*
GUY Mais non, je préfère me reposer aujourd'hui; il fait si chaud.
JEAN-LUC *(inquiet)*
GUY Non, je me sens très bien.
JEAN-LUC *(irrité)*
GUY Ça n'en vaut pas la peine, tu peux bien construire un mur tout seul.
JEAN-LUC *(indigné)*
GUY Non, je suis sûr que les filles n'ont pas besoin de moi.
JEAN-LUC *(ironique)*
GUY Tu es très gentil; je voudrais une glace, s'il te plaît.
JEAN-LUC *(exaspéré)*
GUY Hé, attention! Ne me pousse pas, je vais tomber dans l'eau!
JEAN-LUC *(amusé)*
GUY Salaud!

La vie de campagne

Explication

Le père et l'oncle du petit Marcel ont loué une maison à la campagne. Les deux familles vont y passer les grandes vacances.

Alors commencèrent les plus beaux jours de ma vie. La maison s'appelait La Bastide Neuve, mais elle était neuve depuis bien longtemps. C'était une ancienne ferme en ruine, restaurée trente ans plus tôt par un monsieur de la ville, qui vendait des toiles de tente, des serpillières[1] et des balais. Mon père et mon oncle lui payaient un loyer[2] de 80 francs par an (c'est-à-dire quatre louis d'or), que leurs femmes trouvaient un peu exagéré. Mais la maison avait l'air d'une villa – et il y avait 'l'eau à la pile'[3] : c'est-à-dire que l'audacieux marchand de balais avait fait construire une grande citerne,[4] accolée[5] au dos du bâtiment, aussi large et presque aussi haute que lui : il suffisait d'ouvrir un robinet de cuivre, placé au-dessus de l'évier, pour voir couler une eau limpide et fraîche...

C'était un luxe extraordinaire, et je ne compris que plus tard le miracle de ce robinet : depuis la fontaine du village jusqu'aux lointains sommets de l'Etoile, c'était le pays de la soif : sur vingt kilomètres, on ne rencontrait qu'une douzaine de puits (dont la plupart étaient à sec à partir du mois de mai) et trois ou quatre 'sources', c'est-à-dire qu'au fond d'une petite grotte, une fente[6] du roc pleurait en silence dans une barbe de mousse.[7]

C'est pourquoi quand une paysanne venait nous apporter des œufs ou des pois chiches,[8] et qu'elle entrait dans la cuisine, elle regardait, en hochant[9] la tête, l'étincelant[10] Robinet du Progrès.

Il y avait aussi, au rez-de-chaussée, une immense salle à manger (qui avait bien cinq mètres sur quatre) et que décorait grandement une petite cheminée en marbre véritable.

Un escalier, qui faisait un coude, menait aux quatre chambres du premier étage. Par un raffinement moderne les fenêtres de ces chambres étaient munies,[11] entre les vitres et les volets, de cadres qui pouvaient s'ouvrir, et sur lesquels était tendue une fine toile métallique, pour arrêter les insectes de la nuit.

L'éclairage était assuré par des lampes à pétrole,[12] et quelques bougies de secours. Mais comme nous prenions tous nos repas sur la terrasse, sous le figuier,[13] il y avait surtout la lampe-tempête...

Le 'jardin' n'était rien d'autre qu'un très vieux verger[14] abandonné, et clôturé[15] par un grillage[16] de poulailler,[17] dont la rouille[18] du temps avait rongé[19] la meilleure part. Mais l'appellation de 'jardin' confirmait celle de 'villa'.

De plus, mon oncle avait décoré du titre de 'bonne' une paysanne à l'air égaré[20] qui venait l'après-midi laver la vaisselle et parfois faire la lessive, ce qui lui donnait l'occasion de se laver les mains ; nous étions ainsi triplement rattachés à la classe supérieure, celle des bourgeois distingués.

Marcel Pagnol, *La Gloire de Mon Père (Souvenirs d'Enfance)*, Editions de Provence

---

[1] torchons pour laver le plancher
[2] somme que le locataire paie au propriétaire pour vivre dans sa maison
[3] = *water laid on*
[4] réservoir   [5] appuyée, adossée
[6] fissure, crevasse   [7] = *moss*
[8] = *chick-peas*   [9] = *shaking*
[10] = *sparkling*
[11] équipées
[12] = *paraffin*
[13] = *fig-tree*
[14] terrain planté d'arbres fruitiers
[15] fermé   [16] treillis métallique
[17] endroit où on élève des poules
[18] = *rust*   [19] attaqué, détruit
[20] fou

---

1. How was water supplied to the villa? Why was it considered such a luxury?
2. What alteration had been made to the windows?
3. What three things gave Marcel and his family the right to be considered upper middle class?

10

Un endroit tranquille

Dans les critiques qu'engendre[1] la société de consommation, le bruit est sans doute l'un des facteurs prépondérants. Vous allez à la campagne, hors d'un village, votre fenêtre ouvre sur un pré. Vous êtes au calme, pensez-vous. Au calme! Qui peut le savoir?

Il y a d'abord les bruits naturels. La nuit dans les maisons paysannes, c'est l'eau qui, ruisselant[2] du toit les jours de pluie, suinte[3] goutte à goutte au grenier, ce sont les rats qui grattent, roulent des noix, les cassent à grand-peine, les rongent, savourent en silence, puis recommencent... C'est une souris qui grignote du papier, un livre ou... votre chapeau; le papillon de nuit, maladroit, dont les ailes frôlent en frémissant les vitres et les murs; la chouette[4] hulule[5] dans l'arbre voisin; l'engoulevent[6] anime le clair de lune de son cri régulier.

Dès le matin, est-ce le rossignol?[7] l'alouette?[8] certainement le coq, puis le chien. Ce n'est pas tout, bien entendu. Dans le Midi, il est impossible d'ignorer la cigale[9] qui chante le soleil, la lumière et ne se tait qu'à la tombée du jour.

Mais tous ces êtres, ce sont de vieux compagnons de l'homme; depuis 50 000 ans que nous les entendons, nous savons bien que nous pouvons nous entendre. Ces chants millénaires ne sont que nature, accompagnement rythmé des rêves.

Mais il y a autre chose; ce progrès fantastique qui pénètre dans tous les domaines pour améliorer la vie amène avec lui ses "invités inattendus" dont le bruit n'est pas le moindre.

Dans nos lieux tranquilles, le voisin a un motoculteur[10] dont il n'abuse pas, mais qui gâchera quelques heures de silence. Le motoculteur est au repos quand un autre charmant voisin, fort calme en général, déclenche[11] son transistor, objet toujours redoutable surtout dans les vallées étroites où, comme l'écrit Giono, "on s'entend d'un bord à l'autre..."

Dans une autre maison proche vit un spécimen bien connu en France: le bricoleur; il n'a pas un instant de repos; il actionne une pompe à moteur pour puiser l'eau du ruisseau, coupe son bois à la scie électrique, met en route son tracteur, vieux modèle essoufflé (poum, poum, poum), qui marche tant bien que mal, et qu'il n'est pas question d'arrêter, même si une rencontre avec des amis occasionne une conversation d'un quart d'heure (on élève alors la voix, pour s'entendre).

De jeunes garçons, sur des engins à deux roues, qu'ils sont fiers de rendre bruyants, dépensent leurs énergies nocturnes et interdisent le sommeil à ceux qui "s'aventurent" à dormir dans les pièces donnant sur la rue, et aux vacanciers innocents qui ont l'imprudence de se fier au calme apparent d'un hôtel paisible.

Dans les fêtes, autrefois, l'orphéon[12] local soufflait à pleins poumons;[13] cela pouvait porter à 300 mètres! Maintenant, il n'y a ni fête ni braderie[14] sans beuglements renforcés par amplificateur électronique; les magasins eux-mêmes "dégoulinent"[15] de musique douce". Le minimum de portée est passé à trois kilomètres...

Les sons naturels ne font pas souffrir: qui se plaindra des chants des oiseaux, des cris joyeux d'enfants, des grillons[16] dans les herbes, les soirs d'été! Les autres bruits sont pénibles, néfastes,[17] souvent insupportables; ils sont à l'origine de nervosités, de dépressions mentales.

Je déteste, je regrette, j'exècre les transistors des autres (pas le mien) qui m'imposent à toute heure du jour un chanteur à la mode, les nouvelles de Nairobi ou de Da Nang, à un moment où je veux regarder en paix les étoiles.

Quant aux moteurs à explosion, grinçants, rongeants, coupants, défonçants,[18] hurlants, qui pourra calculer le coût de leurs méfaits, depuis la dépense de simples calmants ou tranquillisants jusqu'à celles des maisons de repos? Si l'on y ajoute les moteurs électriques, rasoirs, aspirateurs, moulins à café, vibrants et ronflants, les radios, T.V. et électrophones privés, les changements de vitesse et les freins des véhicules, les passages d'avions, c'est, pour chacun de nous, à la campagne, une moyenne quotidienne de plusieurs centaines d'agressions par le bruit, et davantage à la ville...

Jean Fourastié, *Le Figaro*, 9 août 1968

Explication
[1] provoque
[2] coulant [3] = *ooze, seep*
[12] orchestre
[13] de toutes ses forces
[4] = *owl* [5] crie
[6] = *nightjar* [14] vente publique, foire
[7] = *nightingale*
[15] font couler lentement
[8] = *lark*
[9] = *cicada*
[16] = *crickets*
[17] = *evil, ill-omened*
[18] = *shattering, ear-splitting*
[10] = *mechanical cultivator*
[11] fait marcher

Etes-vous pour ou contre la vie à la campagne?
Quels en sont les avantages et les inconvénients?
Est-ce qu'on trouve vraiment le calme et la tranquillité à la campagne? Même à la campagne, on entend les avions.
Est-ce que vous vous ennuieriez si vous viviez loin des cinémas, des grands magasins, des cafés et des embouteillages?
Préférez-vous le chant du coq, ou les bruits de la ville?

POUR OU CONTRE

10

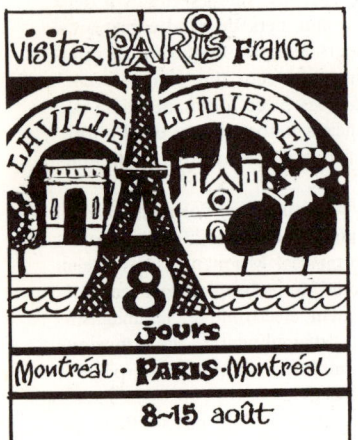

L'agence de voyages

Un des amis de M. Baron dirige une agence de voyages. Il a écrit à la Bande, parce qu'il voudrait embaucher des guides pour s'occuper des groupes de touristes étrangers; il a aussi besoin d'inspecteurs pour contrôler les logements, les hôtels et les pensions que son agence recommande aux étudiants et aux stagiaires.

Alain Garnier s'est présenté à l'agence, parce qu'il veut travailler comme guide. M. Ferrier, le directeur, lui a expliqué quelles sont les responsabilités d'un guide. M. Ferrier a décidé d'embaucher Alain, qui s'est donc mis au travail le lendemain.

A. Voici le programme d'une journée typique:

```
9h Orly, accueillir groupe de
canadiens, s'occuper de leurs
bagages; douane; contrôle des
passeports.
10h 30 départ pour l'hôtel en
autocar
11h 30 arrivée, montrer chambres
12h 30 déjeuner à l'hôtel
14h excursion en autocar dans
Paris
20h dîner à l'hôtel
22h visite de Montmartre – boîte
de nuit.
```

Enfin, Alain rentre chez lui. Complètement épuisé, il raconte à son ami, Charles, les événements de la journée.
Qu'est-ce qu'il lui a dit?

B. Une jeune Canadienne, Michèle, écrit une carte postale à son amie, Suzy, lui décrivant sa première journée à Paris.
Qu'est-ce qu'elle écrit?

C. Les touristes veulent toujours acheter des souvenirs, des cartes postales, des timbres, etc.
Imaginez la conversation dans un magasin, et à la poste.

D. Un touriste tombe malade. Alain fait venir le médecin. Où le touriste a-t-il mal? A la tête, à l'estomac? Est-ce qu'il faut qu'il reste au lit? Peut-il prendre ses repas? Doit-il prendre de l'aspirine? Faudra-t-il qu'il aille à l'hôpital? Est-ce qu'il va être obligé d'y rester longtemps?
Imaginez la scène dans la chambre du malade.

E. Un étudiant suédois n'aime pas la chambre que l'agence Ferrier lui a trouvée. Il se plaint – les draps sont sales, le lit n'est pas confortable, la chambre n'est pas nettoyée, il y a de la poussière partout, l'électricité coûte trop cher, les robinets et le w.c. ne marchent pas, le loyer est trop élevé.
Imaginez la conversation entre Alain, l'étudiant, et la concierge.

F. La concierge se plaint à son tour. L'étudiant rentre toujours tard, il fait trop de bruit avec sa guitare, la radio, l'électrophone, il invite des amis qui ont l'air bizarre, il fait la cuisine dans la chambre, il lave son linge dans la salle de bains, il remplit trop vite les poubelles.
Composez la lettre que la concierge va envoyer à l'agence.

Exercices

10

7. La météo

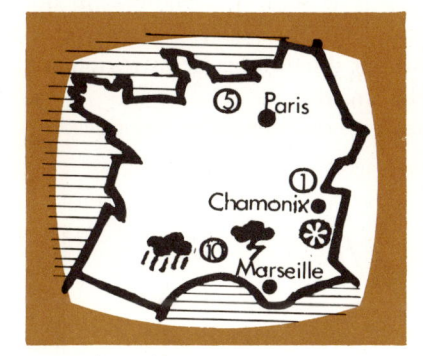

ce matin à 6h  | midi 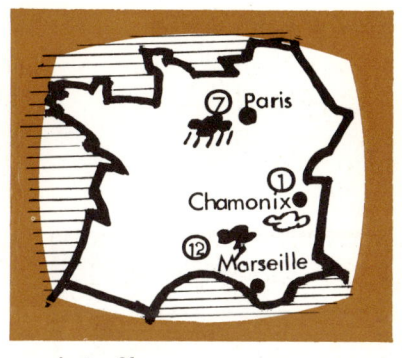 | ce soir à 18h

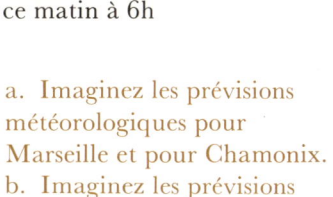

a. Imaginez les prévisions météorologiques pour Marseille et pour Chamonix.
b. Imaginez les prévisions météorologiques pour une belle journée d'été.

PREVISIONS METEOROLOGIQUES POUR PARIS

Il y a du brouillard ce matin sur la capitale et sur le nord de la France. Plus tard, dans la matinée, le brouillard se dispersera, mais le ciel restera nuageux. Il pleuvra ce soir. Les températures seront de l'ordre de 5 à 8 degrés. En ce moment, il pleut dans le Midi et il y a quelques orages. En montagne il neige.

8. Répondez aux questions suivantes :
   a. Qu'est-ce que vous faites pendant vos loisirs ?
   b. Où est-ce que vous aimeriez passer les grandes vacances ?
   c. Aimez-vous les sports ? Quel est votre sport préféré ?
   d. Y a-t-il un jardin public ou un terrain de sport près de chez vous ?
   e. Avez-vous jamais visité Paris ? Quand ?
   f. Quels monuments et quels bâtiments de Paris connaissez-vous ?
   g. Comment est-ce que vous passeriez une journée à Paris ?
   h. Qu'est-ce que vous savez sur l'histoire de Paris ?
   i. Pouvez-vous donner des détails sur les transports parisiens ?
   j. Parlez d'une autre région touristique de la France.

9. Voici un billet de théâtre pour *L'Avare* qu'un touriste a acheté. Vous allez entendre ce qu'a dit l'employé de l'agence.
   Ensuite écrivez ce que le touriste a dit.

COMEDIE-FRANÇAISE
LOCATION ET BUREAU
Prix la place: **18 F 50**
Timbre compris
Lundi 15 Février
BALCON 1er RANG
SOIR **45b1**
Les coupons ne seront ni échangés ni remboursés. Les dames sont priées d'enlever leur chapeau.

Contremarque à conserver

10. La Bande Junior a organisé une fête.

Ecoutez l'histoire, puis répondez aux questions.

Au secours! — 10

Dans le Midi de la France, il y a eu toute une série d'incendies, qui ont détruit des forêts et des vignobles, des fermes et même un village entier; ils ont menacé la vie de centaines de touristes et d'habitants de la région. La police croit qu'un pyromane a provoqué les sinistres.

A. Ecoutez l'histoire que le professeur va vous lire, puis répondez aux questions à l'aide de la carte ci-dessous.

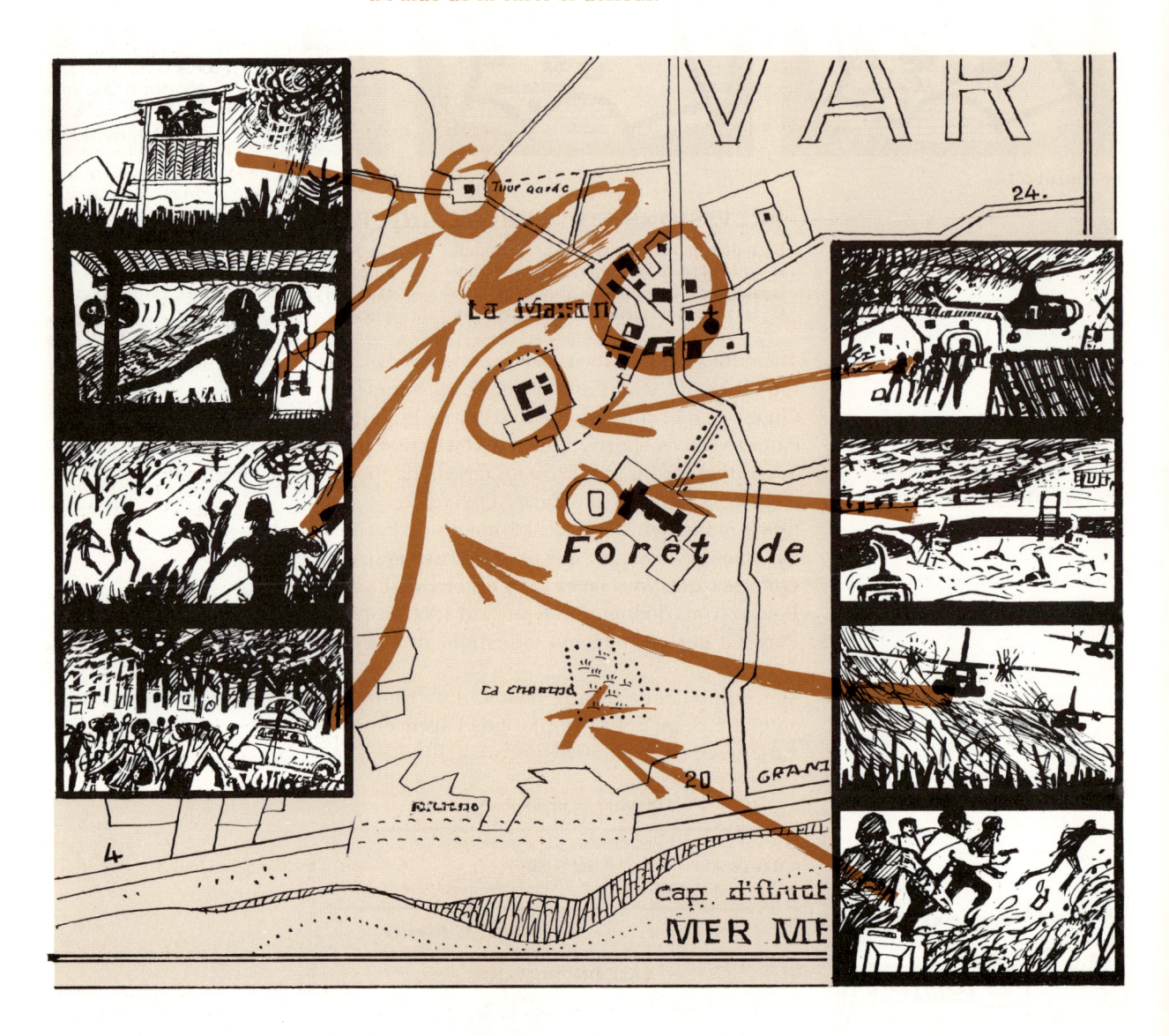

B. Faites un reportage sur l'incendie pour un journal parisien.

C. Vous et vos copains campiez au cœur de la forêt, quand l'incendie vous a entourés. On vous a sauvés en hélicoptère.
Racontez votre aventure pour le programme de télévision *La Terre qui Tourne*.

EXAMEN 10

1. Read the following passage carefully, and answer the questions set on it. The answers must be entirely in ENGLISH. No credit will be given for anything in French.

The intelligence of dolphins

Il y a cinquante-cinq espèces de dauphins. Celui qui nous intéresse est le dauphin à nez en bouteille. Il peut avoir 3,50 mètres de long, et son poids peut aller jusqu'à 250 kilogrammes. Sa cervelle pèse plus lourd que la nôtre; il est vrai que, son corps étant plus long que le nôtre, le rapport du poids de sa cervelle à cette longueur est de 1 pour le dauphin contre 1,2 pour nous. Nous avons donc un léger avantage à cet égard. Mais la cervelle de ce dauphin a la capacité de développer des chaînes de raisonnement et d'accumuler des connaissances comparables aux nôtres.

Les dauphins possèdent un véritable langage et arrivent entre eux, par la conversation, à des échanges de pensées semblables aux nôtres. Ils émettent les sons, non par leur bouche, mais par l'évent respiratoire (*blow-hole for breathing*) qui se trouve au sommet de leur crâne et que l'on voit s'ouvrir et se contracter lorsqu'ils parlent. Malheureusement, une grande partie des sons qu'ils émettent nous échappent, puisqu'ils ont des fréquences qui, pour nous, vont du sonique au supersonique.

D'ailleurs, ils ne s'adressent aux hommes qu'en utilisant les sons qui sont audibles à ceux-ci. On peut dire, même, que peu à peu ils apprennent à parler humain, car ils trouvent des intonations proches des nôtres lorsqu'ils vivent avec nous. La rapidité des vibrations de leur voix et de leur élocution peut faire admettre qu'ils ont une rapidité de pensée supérieure à la nôtre.

A ces avantages physiques, les dauphins ajoutent des qualités de bonté et de discernement qui devraient nous faire honte. Ils ont pour l'homme une vénération qui les porte non seulement à le secourir, mais à lui pardonner tout: jamais, par exemple, un dauphin n'a fait volontairement mal à un homme, même si celui-ci le fait souffrir. Au moment où, pris dans un filet, ils vont être capturés, à peine ont-ils la main de l'homme sur eux qu'ils se rendent à lui. Pourtant, les dauphins possèdent des dents qui mettent les requins en fuite.

a. What are we told about the dolphin's brain and his ability to use it?
b. What are we told about his powers of speech?
c. How does he adapt his speech in his attempts to communicate with man?
d. What is his attitude towards man and in what ways is it revealed?

Oxford

2. Translate into English:

A lost explorer

Il dormait à côté d'un petit tas de cendres. C'était un homme d'une trentaine d'années, aux cheveux châtain clair; une courte barbe couvrait le bas de son visage. Je m'assis près de lui, et j'attendis.

Il ouvrit les yeux et me regarda avec surprise.

«Comment êtes-vous arrivé ici?» me demanda-t-il.

«J'ai traversé le fleuve.»

Son visage s'illumina. «Vous avez un canot?» reprit-il d'une voix toute vibrante d'espoir.

«Non,» répondis-je. «J'ai traversé le fleuve à la nage.»

«Vous êtes seul?»

«Oui.»

Il rejeta ses couvertures et sauta sur ses pieds. Puis il passa la main dans ses cheveux en désordre; il semblait perplexe.

«Moi, je suis perdu», dit-il brusquement. «Nous étions arrivés aux sources d'une rivière que nous remontions depuis le lac; un Indien m'avait dit que je trouverais là un sentier conduisant au grand fleuve; je suis parti avec deux hommes pour le chercher; mais, au bout de trois jours, un matin, en me réveillant, je me suis trouvé seul. Mes compagnons m'avaient abandonné en emportant tous les vivres.»

Oxford

117

Grammar summary

A. Articles and determinatives

1.

le / un / ce / mon	livre	la / une / cette / ma	montre	les / des / ces / mes	livres / montres

The article or determinative placed before a noun agrees in gender (masculine or feminine) and number (singular or plural) with that noun.

2. ARTICLES

le / un	livre	la / une	montre	les / des	livres / hommes
l' / un	homme	l' / une	amie		montres / amies
le / du	fromage	la / de la	crème		
l' / de l'	alcool	l' / de l'	eau		

3. THE DEFINITE ARTICLE
LE LA L' LES
is used with:

▶ a particular person or persons, thing or things
    C'est **le** livre que j'ai acheté ce matin.
    Les enfants du village sont malades.

▶ a class of things (all the things of a kind) or an abstract noun.
    Les lions sont dangereux.
    J'aime **la** musique.
    Le café me fait mal.

▶ titles
    le roi Louis Quatorze
    le docteur Knock
    Monsieur **le** Maire
    le capitaine Lebrun

▶ adjectives with proper nouns
    le vieux Jacques
    la belle Hélène

▶ languages
    J'apprends **l'**allemand.
    Il parle **le** russe couramment.
BUT Il parle russe en ce moment.
    Ce film est en allemand.

▶ days of the week
    Je vais au cinéma **le** samedi. (tous **les** samedis)
    Les élèves français ne vont pas à l'école **le** jeudi.

BUT Je suis allé au théâtre jeudi. (jeudi passé)
    Papa viendra dimanche. (dimanche prochain)

▶ seasons
    Je déteste **l'**automne.
BUT un jour d'automne

▶ usually parts of the body and clothing
    Elle a **les** yeux gris foncé.
    Je me suis lavé **les** mains.
    Il a ôté **le** chapeau.
    Je lui ai saisi **le** bras.
NOTE Le professeur se promène, **les** mains derrière **le** dos.
    Vois-tu l'homme à **la** barbe noire?

4. When used with **À**
    LE becomes AU
        Nous allons **au** cinéma ce soir.
    LES becomes AUX
        J'ai donné du chocolat **aux** enfants.

5. When used with **DE**
    LE becomes DU
        Je suis sorti **du** magasin.
    LES becomes DES
        J'ai rencontré la mère **des** enfants.

6. THE INDEFINITE ARTICLE
UN UNE DES
is used when no particular person or thing is indicated.
    J'ai besoin d'**un** dictionnaire.
    Je voudrais **une** tasse de café.
    Je vais en vacances avec **des** amis.

7. The indefinite article is usually omitted
▶ with professions, nationalities and religions
    Il est ingénieur.
BUT C'est **un** bon ingénieur.
    Elle est française.
BUT C'est **une** Française.
    Je suis catholique.

▶ with nouns in apposition
    Louis Lumière, chimiste de Lyon.
    Je vous présente M. Marignac, maire de notre commune.

▶ after **SANS**
    Il est **sans** amis.
    NI... NI
    Je n'ai **ni** frère **ni** sœur.
    QUEL, etc.
        Quel dommage!
    EN
        J'habite **en** France.
    COMME
        Je travaille **comme** boucher.

8. THE PARTITIVE ARTICLE
DU DE LA DE L' DES

is used to mean *some* or *any*, although it is often used when in English we would use no article at all. In the singular it is used with nouns which refer to substances rather than separate articles.

    J'ai **du** vin dans mon verre.
    J'ai acheté **des** pommes.
    Voulez-vous **du** sucre?
    Il y a **de l'**eau sur le buffet.

9. DE or D' are used alone instead of UN UNE DU DE LA DE L' DES

▶ after a negative expression
    Tu as **des** frères?
      Non, je n'ai pas **de** frères.
    Est-ce que Jean a **une** voiture?
      Non, il n'a jamais eu **de** voiture.
    Y a-t-il **du** sel dans le garde-manger?
      Non, il ne reste plus **de** sel.
BUT Je ne suis pas **un** idiot.
    Ce n'est pas **du** coton, mais **du** nylon.
    Il n'y a pas **un** (seul) garçon dans la classe.

▶ usually with an adjective which stands before a noun in the plural
    Nous sommes **de** bons amis.
    Je voudrais écouter **de** nouveaux disques.
BUT **DES** is often found, particularly when the noun and adjective form a single idea
    Je vais vous présenter à **des** jeunes filles.
    Des jeunes gens viennent d'arriver.
    Il y a **des** grandes personnes avec les enfants.
    Je voudrais **des** petits pains.
    J'aurais dû acheter **des** petits pois au marché.

▶ with expressions of quantity

Nous avons acheté	beaucoup trop assez plus moins tant peu un peu	de	pommes pain beurre vin café
	un kilo		sucre
	un paquet		thé
	une boîte		sardines

BUT bien **des** amis
    encore **du** café
    la moitié **du** fromage
    la plupart **des** invités
    la plus grande partie **de l'**argent

▶ with certain expressions
    J'ai besoin **d'**argent.
BUT J'ai besoin **de l'**argent que je vous ai prêté.

10. THE DEMONSTRATIVE ADJECTIVE

ce	garçon	est	intelligent content fâché
cet	enfant homme		
cette	femme Anglaise		stupide inquiète malade
ces	garçons hommes	sont	fatigués impatients
	femmes		paresseuses

The demonstrative adjectives are used to indicate a particular person or persons, thing or things (with more emphasis than when using the definite article).

11.
Only when it is particularly important to distinguish between *this/these* and *that/those* is it necessary to add **-CI** or **-LÀ** to the noun.
    Je n'aime pas **cette** jupe**-ci**.
    Je préfère **cette** robe**-là**.

12.
CET is used with masculine singular nouns which begin with a vowel sound (or before an adjective which precedes the noun and which begins with a vowel sound).
    Je ne connais pas **cet** homme.
    Je voudrais essayer un peu de **cet** excellent fromage.

13. THE DEMONSTRATIVE PRONOUNS
CELUI CELLE CEUX CELLES
are used instead of a demonstrative adjective and noun.
▶ with **-CI** or **-LÀ** to indicate particular persons or things

voici	deux	chapeaux	**celui-ci**	est	plus	grand	que	**celui-là**
		oignons						
		pommes	**celle-ci**			grande		**celle-là**
		oranges						
	quatre	œufs	**ceux-ci**	sont		grands		**ceux-là**
		sand-wichs						
		glaces	**celles-ci**			grandes		**celles-là**
		assiettes						

NOTE **CELUI-CI** etc. also mean *the latter* or *the last mentioned*.
CELUI-LÀ etc. also mean *the former* or *the first-mentioned*.
  J'ai rencontré Jean et Robert en ville ce matin.
    Celui-ci vient d'acheter un scooter.
▶ with **DE** etc. to show possession
  Vous avez emprunté mon dictionnaire?
    Non, j'ai pris celui de Brigitte.
  Voilà la voiture du directeur, n'est-ce pas?
    Non, celle du directeur est blanche.
▶ with **QUI QUE DONT** in relative clauses
  Tu as tous tes disques?
    Oui, j'ai retrouvé ceux que j'avais perdus.
  Lequel de ces garçons est ton frère?
    Celui qui est entré le premier.

14. THE DEMONSTRATIVE PRONOUNS
CECI CELA ÇA
are used when referring to ideas, abstractions and indefinite concepts, and not to a particular noun already mentioned
  Mon frère sait parler le chinois.
    Ça, c'est difficile.
  Tu as entendu parler de ce qui est arrivé à Paris?
    Oui, cela m'a étonné.
  Souviens-toi de ceci.

15. THE POSSESSIVE ADJECTIVE

mon	père	**ma**	mère	**mes**	parents
ton	frère	**ta**	sœur	**tes**	neveux
son	cousin	**sa**	tante	**ses**	nièces
notre	ami	**notre**		**nos**	oncles
votre	oncle	**votre**		**vos**	amies
leur		**leur**		**leurs**	

The possessive adjective agrees in number (singular or plural) with the noun. **MON TON SON** also have feminine singular forms, **MA TA SA**
  J'ai trouvé un livre.
    C'est mon livre.
  À qui est cette montre?
    Mais c'est ta montre, n'est-ce pas?
  Jean-Luc a beaucoup d'amis.
    Oui, voilà ses amis.

16.
MON TON SON are used before a feminine singular noun which begins with a vowel sound or before an adjective which stands before the noun and which begins with a vowel sound
  Tu connais mon amie Françoise?
  Voilà mon ancienne institutrice.

17.
The possessive adjective is repeated (and agrees) before each noun
  Ma mère et mon père sont en vacances.

18.
SON SA SES mean *his, her, its, one's*.
Son chapeau means *his hat* or *her hat*.
Sa mère means *his mother* or *her mother*.
The exact meaning is usually made clear by the sense, but any doubt is avoided by using **À LUI À ELLE À EUX À ELLES**
  Nous allons prendre sa voiture à lui et sa caravane à elle.

REMEMBER The possessive adjective agrees with the thing possessed, and not with the possessor.

19. POSSESSIVE PRONOUNS
are used to replace a possessive adjective and noun. They agree in number and gender with the noun they replace. (**LES NÔTRES LES VÔTRES LES LEURS** are used for both masculine and feminine plural nouns.)

mine	le	mien	la	mienne	les	miens	les	miennes
yours		tien		tienne		tiens		tiennes
his, hers		sien		sienne		siens		siennes
ours		nôtre		nôtre		nôtres		
yours		vôtre		vôtre		vôtres		
theirs		leur		leur		leurs		

120

20. The possessive pronoun is often better avoided. Particularly in speech, the following are used instead

à moi	à nous
à toi	à vous
à lui	à eux
à elle	à elles

     Est-ce le livre d'Henri?
       Non, ce livre est à moi.

B. Indefinite adjectives and pronouns

21. **CHAQUE** adjective, *each, every* does not vary
    Chaque garçon a un livre.
    Chaque fille a un livre.

22. **CHACUN CHACUNE** pronoun, *each one, every one*
    Chacun des garçons a un livre.
    Chacune des filles a un livre.

23. **QUELQUE QUELQUES** adjective, *some, several*
    À quelque distance, on voit une maison blanche.
    Je reviendrai ici quelque jour.
    Quelques jours après, j'ai écrit à Alain.
    J'ai invité quelques amis.
    Il a apporté quelques centaines de livres.

24. **QUELQU'UN** pronoun, *someone*
    Quelqu'un est arrivé.

25. **QUELQUES-UNS QUELQUES-UNES** pronoun, *some (of them)*
    Quelques-uns (d'entre eux) connaissent la ville.
    Quelques-unes ne savent pas le français.

26. **PLUSIEURS** adjective, *several* does not vary
    J'ai choisi plusieurs disques.
    Jeanne a acheté plusieurs robes.

27. **AUTRE AUTRES** adjective and pronoun, *another, other*
    Les autres (élèves) sont arrivés en retard.
    J'ai choisi une autre partenaire.
    Nous y irons un autre jour.

28. **TOUT TOUTE TOUS TOUTES** adjective and pronoun, *all*
    On a mangé tout le fromage.
    Nous avons passé toute la journée à bavarder.
    Tous les étudiants sont ici.
    Toutes les ménagères de la ville ont acheté ce livre.
    Nous sommes partis tous ensemble.
    Elles sont parties toutes ensemble.

29. **TOUT** pronoun, *everything*
    On a tout perdu.
    Tout est disparu.
NOTE **TOUT LE MONDE** *everyone*
    Tout le monde a vu ce film.

30. **MÊME MÊMES** adjective before noun, *same*
    Il est arrivé le même jour.
    Nous avons choisi la même robe.
after noun, *very*
    Ce jour même, il est mort.

31. **TEL TELLE TELS TELLES** adjective, *such*
    Un tel homme n'a jamais peur.
    Il n'a jamais reçu une lettre d'une telle importance.

32. **PAREIL PAREILLE PAREILS PAREILLES** adjective, *such, similar*
    Toutes ces jupes sont pareilles.
    Je ne me suis jamais couché à une heure pareille.

C. Adjectives

33. THE AGREEMENT OF ADJECTIVES

Jean-Paul a un ballon	vert brun noir bleu rouge jaune	Claudette a une robe	verte brune noire bleue rouge jaune
Voici des crayons	verts gris rouges	Voilà des cartes	vertes grises rouges

Adjectives agree in number and gender with the nouns they qualify.

NOTE Adjectives which end in **e** do not change in the feminine
> **un ballon** rouge
> **une robe** rouge

adjectives which end in **s** or **x** do not change in the masculine plural
> **un stylo** gris **des stylos** gris
> **un enfant** heureux **des enfants** heureux

34. Pay special attention to the following adjectives

beau	belle	beaux	belles
(nouveau, jumeau)			
heureux	heureuse	heureux	heureuses
(affreux, dangereux)			
royal	royale	royaux	royales
(central, loyal)			
naturel	naturelle	naturels	naturelles
(cruel, gentil)			
cher	chère	chers	chères
(étranger, léger)			
entier	entière	entiers	entières
(premier, dernier)			
vif	vive	vifs	vives
(actif, neuf)			
bref	brève	brefs	brèves
secret	secrète	secrets	secrètes
(inquiet, complet)			
faux	fausse	faux	fausses
doux	douce	doux	douces
jaloux	jalouse	jaloux	jalouses
épais	épaisse	épais	épaisses
(gros)			
frais	fraîche	frais	fraîches
sec	sèche	secs	sèches
blanc	blanche	blancs	blanches
grec	grecque	grecs	grecques
public	publique	publics	publiques
sot	sotte	sots	sottes
ancien	ancienne	anciens	anciennes
(breton, moyen)			
favori	favorite	favoris	favorites
long	longue	longs	longues
fou	folle	fous	folles
vieux	vieille	vieux	vieilles

35. Some adjectives have a second form of the masculine singular, used before a noun or another adjective which begins with a vowel sound
> **BEAU BEL**
> Quel **bel** homme!
> **FOU FOL**
> J'ai éprouvé un **fol** espoir.
> **NOUVEAU NOUVEL**
> Il reviendra au **nouvel** an.
> **VIEUX VIEIL**
> Ce **vieil** homme habite ici depuis cinquante ans.

36. Compound adjectives do not agree
> **Ma sœur a les yeux** bleu foncé.
> **Les fauteuils sont** bleu clair.

37. THE POSITION OF ADJECTIVES
Most adjectives stand after the noun. However, the position may be varied for style or emphasis.

38. The following usually stand before the noun
▶ ordinal numbers
> **Françoise est arrivée par le** premier **train.**

▶ possessive adjectives
▶ demonstrative adjectives

▶ autre	joli
beau	long
bon (meilleur)	mauvais (pire)
chaque	méchant
court	petit (moindre)
excellent	plusieurs
gentil	quelque
gros	vieux
haut	vilain
jeune	

39. Some adjectives differ in meaning, according to whether they are placed before or after the noun
ANCIEN
un **ancien** marin *a former sailor*
un château **ancien** *an ancient castle*
BRAVE
un **brave** type *a fine chap*
un homme **brave** *a brave man*
CHER
un **cher** ami *a dear friend*
un restaurant **cher** *an expensive restaurant*
DERNIER
la **dernière** séance *the last performance (of several)*
la semaine **dernière** *last week (the most recent)*
GRAND
C'est une **grande** vedette. *She is a great star.*
Voilà un homme **grand**. *There is a tall man.*
PAUVRE
Ce **pauvre** Jean! *Poor John!*
Je connais des gens **pauvres**. *I know some poor people. (with little money)*
PROPRE
Il a sa **propre** voiture. *He has his own car.*
Quelle voiture **propre**! *What a clean car!*

40. Adjectives may be followed by various prepositions
   Il est impossible **d'**entrer.
   Partir? C'est impossible **à** faire!
   Il est facile **d'**apprendre l'anglais.
   Je suis content **de** rester ici.
   Il est prêt **à** partir.
   Jacques est fort **en** sciences.
   Cette région est riche **en** charbon.
   Ma mère est occupée **du** ménage.
   Mon père est occupé **à** faire ses comptes.

41. THE COMPARISON OF ADJECTIVES
To make comparisons between persons or things, we usually use one of the following constructions

Robert	est	**plus moins aussi**	grand fatigué intelligent sage	**que**	Pierre
	n'est	**pas si**			

42. Some adjectives have irregular comparative forms
   BON
   Ce vin est bon, mais l'autre est **meilleur.**
   Cette bière est bonne, mais l'autre est **meilleure.**
   MAUVAIS
   Ma mémoire est mauvaise, mais celle de Sylvie est **pire.**
   NOTE **PLUS MAUVAIS** is also found
   PETIT
   Je n'ai pas la **moindre** idée de ce qui s'est passé.
   NOTE **PLUS PETIT** is used in all but a limited number of expressions.

43. THE SUPERLATIVE FORM OF ADJECTIVES
   Robert est **le plus** intelligent **de** la classe.
   Pierre est **le moins** intelligent **de** la classe.
   NOTE J'habite dans **la plus** grande maison **du** village, mais Hélène habite dans la maison **la plus** moderne.
   NOTE **BON** has an irregular superlative
   **LE MEILLEUR   LA MEILLEURE
   LES MEILLEURS LES MEILLEURES**
   Jean est **le meilleur** élève **de** l'école.
   Le médecin habite dans **la meilleure** maison de la ville.

D. Nouns

44. To form the plural of a noun, **s** is usually added to the singular form

un homme	des hommes
une femme	des femmes
l'enfant	les enfants
la fillette	les fillettes

45. Nouns ending in **s** or **x** or **z** do not change

le bras	les bras
les fils	les fils
le gaz	les gaz
la noix	les noix

46. Some nouns ending in **ou** add **x**

le bijou	les bijoux
le caillou	les cailloux
le chou	les choux
le genou	les genoux

NOTE **le trou**   **les trous**

47. Most nouns ending in **au** or **eau** or **eu** add **x**

le feu	les feux
le lieu	les lieux
le château	les châteaux
le chapeau	les chapeaux
le gâteau	les gâteaux

NOTE **le pneu**   **les pneus**

48. Most nouns ending in **al** change to **aux**

le cheval	les chevaux
le journal	les journaux
l'animal	les animaux

NOTE **le bal**   **les bals**
     le festival   **les festivals**

49. Some nouns ending in **il** or **el** change to **aux** or **eux**

le travail	les travaux
le ciel	les cieux
l'œil	les yeux

50. Some nouns have special feminine forms

un ami	une amie
un cousin	une cousine
un paysan	une paysanne
un lion	une lionne
un fermier	une fermière
un acteur	une actrice

NOTE
un élève	une élève
un concierge	une concierge
un artiste	une artiste

51. Some nouns have only one form, whether they refer to a male or female person.

> une personne
> un professeur
> une sentinelle
> une vedette

E. Personal pronouns

52.

SUBJECT	DIRECT OBJECT	INDIRECT OBJECT	REFLEXIVE
je (j')	me (m')	me (m')	me (m')
tu	te (t')	te (t')	te (t')
il	le (l')	lui	se (s')
elle	la (l')	lui	se (s')
on			se (s')
nous	nous	nous	nous
vous	vous	vous	vous
ils	les	leur	se (s')
elles	les	leur	se (s')

53. **ON** means *one, someone, they*
> **On a sonné à la porte. Qui est-ce?**

ON is frequently used instead of **NOUS**
> **Où allez-vous, mes enfants? On va à la pêche.**

ON is frequently used where in English we would use a passive form
> **On m'a volé tout mon argent.**

54. **CE** is often used instead of **IL ILS ELLE ELLES** with parts of the verb **ÊTRE** and with **DOIT ÊTRE PEUT ÊTRE** etc.
▶ when followed by **UN UNE DES DE LE LA LES MON** etc.
> **C'est un garçon intelligent.**

BUT **Il est intelligent.**
> **C'est une excellente dactylo.**

BUT **Elle est dactylo.**

55. **Y** is used instead of **À** + noun
▶ to refer to a place
> **Allez-vous à Paris?**
> **Oui, j'y vais demain.**

▶ as the indirect object (not referring to a person) of a verb
> **Jouez-vous au tennis?**
> **Oui, j'y joue tous les jours.**
> **Pensez-vous aux examens?**
> **Oui, j'y pense souvent.**

BUT **Vous devriez écrire à M. Martignac, n'est-ce pas?**
> **Oui, je vais lui écrire ce soir.**

56. **EN** is used instead of **DE** + noun
▶ to refer to a place
> **Est-ce que Sylvie est sortie de la boutique?**
> **Oui, elle en est sortie il y a cinq minutes.**

▶ to mean *some, of it, of them*, etc. It must be used with expressions of quantity, even where in English we would require no pronoun
> **Vous avez des frères?**
> **Oui, j'en ai deux.**
> **Vous avez acheté des disques?**
> **Non, je n'en ai pas acheté.**

57. Reflexive pronouns act in the same way as other object pronouns, in position and in agreement.
REMEMBER The reflexive pronoun must be in the same person as the subject, even with an infinitive
> **Jean-Luc va se reposer.**
> **Il est tellement fatigué.**
> **Moi aussi, je suis fatigué.**
> **Je dois me reposer.**

58. THE POSITION OF OBJECT PRONOUNS
With all verb forms except the imperative affirmative (orders, instructions, suggestions) pronoun objects stand immediately in front of the verb in the following order

1 2 3

me	le		
te	la	lui	
se			y en
nous	les	leur	
vous			

NOTE First and second person pronouns stand before third person pronouns.
Third person direct object pronouns stand before third person indirect object pronouns.

59. In negative and interrogative sentences, the position of object pronouns remains as above
  Nous avons acheté des poires.
    Les aimes-tu? Non, je ne les aime pas.
  J'ai perdu mon stylo; l'avez-vous vu?
    Non, je l'ai cherché, mais je ne l'ai pas trouvé.
NOTE In compound tenses (the perfect and pluperfect, etc.) the object pronoun stands in front of the auxiliary verb.

60. Object pronouns used with the infinitive stand immediately before the verb to which they refer, which is usually the infinitive
  Jacques vient nous voir aujourd'hui.
  Où sont mes cadeaux? Je veux les emballer.
  Tu as écrit des lettres? Je vais les mettre à la poste.
  Tu as perdu tes gants? Mais je viens de te les donner.
BUT **Où sont mes gants? Vous les avez laissé tomber.**
  Zut, il est déjà minuit! Je vous laisse partir.
  Allez chercher le concierge. Il nous fera entrer.

61. With the imperative affirmative, object pronouns stand in the following order

DIRECT OBJECT	INDIRECT OBJECT		
moi (m')	moi (m')		
toi (t')	toi (t')		
le	lui		
la		y	en
nous	nous		
vous	vous		
les	leur		

The pronouns follow the verb and are linked to it and each other by a hyphen.
  Suivez-le!
  Prends-les!
NOTE **MOI** and **TOI** replace **ME** and **TE**
  Aidez-moi!
  Donnez-le-moi!
BUT with **Y** and **EN**, **M'** and **T'** are used.
  J'aime le gâteau. Donne-m'en, s'il te plaît.

62. The order of object pronouns with the negative imperative is as in paragraph 58
  Je ne veux pas cette glace. Ne me la donne pas!

63. DISJUNCTIVE PERSONAL PRONOUNS

moi	nous
toi	vous
lui	eux
elle	elles
soi	

64. They are used
▶ with **C'EST** etc.
  Qui est-ce? C'est moi. C'est nous.
NOTE **Ce sont eux.**
  Ce sont elles.
▶ after a preposition
  Vous êtes arrivés après moi.
  On dîne chez nous ce soir.
  Attention, il se moque de toi!
▶ for emphasis
  Moi, je veux rester à la maison.
  Luc, lui, ne travaille jamais.
▶ to clarify the use of **SON SA SES**
  C'est son transistor à lui.
  C'est leur voiture à elles.
▶ in comparisons
  Pierre est plus jeune que moi.
▶ in compound subjects and objects
  Maman et moi, nous y allons.
  J'ai rencontré lui et son père.
▶ with **MÊME AUSSI SEUL**
  Lui seul sait ouvrir cette porte.
  Moi aussi, je veux aller au cinéma.
  Je devrai le faire moi-même.

65. SOI is used to refer to indefinite pronouns and adjectives
  Chacun doit travailler pour soi.

F. Relative pronouns

66. QUI
  is used as the subject and may refer to persons or things
  Je viens de voir l'homme qui a volé ta moto.
  Marc a cassé les tasses qui étaient dans le placard.

67. QUE QU'
  is used as the object and may refer to persons or things
  Vas-tu me présenter à cette jolie fille que tu as amenée à la surboum?
  J'ai perdu le stylo que maman m'a offert hier.

68. QUI
is used to refer to persons after prepositions
> Je ne vois pas le garçon avec **qui** je suis venue.
> Indiquez-moi la femme à **qui** vous avez vendu la peinture.

69. LEQUEL LAQUELLE
    LESQUELS LESQUELLES
are used to refer to things after prepositions
> As-tu vu la valise dans **laquelle** j'avais mis tous les livres?
> C'est le stylo avec **lequel** je préfère écrire.

NOTE **LEQUEL** etc. combines with **À** and **DE**
> Voilà le restaurant **auquel** nous allons.
> Voilà le fleuve au bord **duquel** nous avons campé.

With **PARMI** and **ENTRE, LEQUEL** etc. is used for persons as well as things
> Voilà les garçons parmi **lesquels** Michel s'est caché.

70. Instead of **À** or **DE** with **LEQUEL**, etc., **OÙ** is often used
> Je vais t'indiquer la maison **où** nous avons passé une semaine de vacances.

71. DONT
is frequently used instead of **DE** with **QUI** or **LEQUEL** etc.
> J'ai apporté le dictionnaire **dont** vous avez besoin.
> Je viens de parler au professeur **dont** vous avez emprunté la voiture.

NOTE the word order
> Voilà la femme dont Gilbert va épouser la fille.
>   ▲   ▲   ▲   ▲
> ANTECEDENT dont SUBJECT VERB

72. DONT cannot be used with a preposition
> Nous allons visiter le parc **au milieu duquel** se trouve un beau lac.
> C'est M. Lombard **à côté de qui** tu dois t'asseoir.

73. CELUI QUI CELUI QUE CELUI DONT
etc.
are used
▶ in place of **CE** etc. + noun (e.g. *the one which*)
> Quel pullover préférez-vous?
> **Celui qui** se trouve à gauche.

▶ as an indefinite antecedent (e.g. *those who*)
> **Ceux qui** veulent être riches doivent travailler jour et nuit.

74. QUOI
is used with a preposition to refer to an indefinite antecedent
> Il demanda de **quoi** je parlais.

75. CE QUI CE QUE CE DONT
are used when the relative pronoun would otherwise have no antecedent
> **Ce qui** me frappa, c'était le silence.
> Je ne sais pas **ce que** je devrais faire.
> C'est **ce qu'**il voulait faire.
> La vendeuse me demanda **ce que** j'allais acheter.
> Ici on ne trouve jamais **ce dont** on a besoin.

76. TOUT as an antecedent is followed by **CE QUI** etc.
> C'est **tout ce que** j'en sais.

G. Interrogative pronouns and adjectives

77. QUEL? QUELLE? QUELS? QUELLES?
agree in number and gender with the noun they qualify. They stand before the noun
> **Quelle** voiture allez-vous acheter?
> **Quel** est cet oiseau?
> **Quels** hommes sont arrivés?

78. QUI?
refers to persons and may be subject or object, or preceded by a preposition
> **Qui** est là?
> **Qui** va payer le déjeuner?
> **Qui** voyez-vous par la fenêtre?
> **Qui** a-t-on choisi pour jouer le héros?
> Pour **qui** as-tu préparé ces sandwichs?
> À **qui** sont ces gants?

79. QUE?
refers to things, and is the direct object
> **Qu'**avez-vous fait?
> **Que** voit-il?

NOTE the inversion of subject and verb

80. QUOI?
refers to things and is used after prepositions
> De **quoi** parlez-vous?
> À **quoi** pense-t-il?

126

81. LEQUEL? LAQUELLE? LESQUELS? LESQUELLES?
are used to indicate a choice between persons or things
Lequel des garçons chante bien?
Laquelle des robes vas-tu choisir?

82. QUI EST-CE QUI?
is an alternative to **QUI?** as the subject, referring to persons
Qui est-ce qui va m'accompagner?

83. QUI EST-CE QUE?
is used as the direct object, referring to a person
Qui est-ce que tu as choisi?
NOTE There is no inversion of subject and verb.

84. QU'EST-CE QUI?
is used as the subject, referring to things
Qu'est-ce qui est arrivé?
Qu'est-ce qui se trouve dans cette boîte?

85. QU'EST-CE QUE?
is an alternative to **QUE?** as the direct object, referring to things
Qu'est-ce que tu vas faire?
NOTE There is no inversion of subject and verb.

H. Interrogative adverbs

86. COMBIEN? *how much?, how many?*
Combien d'essence as-tu achetée?
Combien de garçons y a-t-il dans la classe?
Combien est-ce qu'il y a de garçons dans la classe?

87. COMMENT? *how?*
Comment vas-tu aller en ville?
Comment est-ce qu'il va traverser la rivière?

88. DEPUIS QUAND? *(for) how long?*
Depuis quand travailles-tu ici?
Depuis quand est-ce qu'il attend une lettre?

89. OÙ? *where?*
Où se trouve la poste?
Où est-ce qu'on achète des timbres?

90. POURQUOI? *why?*
Pourquoi veux-tu parler à Marie?
Pourquoi est-ce que papa a vendu le téléviseur?

91. QUAND? *when?*
Quand veux-tu aller au théâtre?
Quand est-ce qu'on va finir?

92. À QUELLE HEURE? *(at) what time?*
A **quelle heure** es-tu arrivé?
A **quelle heure** est-ce qu'on mange ici?

93. QUEL? QUELLE? QUELS? QUELLES? *what?, which?*
Quelle est la date?
Quels sont les secrets qu'il ne veut pas révéler?
Quel jour vas-tu venir?

I. Negative adverbs and expressions

94. NE... PAS
Je **n'aime pas** aller en ville le samedi.
Je **n'ai pas** vu ce film.
Ne veux-tu **pas** parler avec ton frère?

95. NE... PLUS *no more, no longer*
Jacques **ne** va **plus** au club depuis son mariage.

96. NE... JAMAIS *never*
Je **n'ai jamais** visité l'Allemagne.

97. NE... RIEN *nothing*
Mme Bricourt **ne** veut **rien** prendre.

98. NE... PERSONNE *no-one, nobody*
Hélène **n'a** vu **personne**.

99. NE... AUCUN *no, not any*
Il **n'y a aucun** doute de ce qu'on m'a dit.

100. NE... QUE *only*
Alain **n'a que** trois jours de vacances.

101. **NE... NI... NI** *neither . . . nor*
    Je n'ai ni frères ni sœurs.

102. NOTE the position of the negative adverbs in compound tenses

| Je n'ai | pas
rien
jamais | crié |

| Je n'ai vu | personne
aucun avion
que trois garçons
ni l'un ni l'autre |

103. **RIEN** and **PERSONNE**
may be used as the subject of a sentence
    Personne n'a voulu m'accompagner.
    Rien n'est arrivé aujourd'hui.

104. **RIEN JAMAIS PERSONNE**
may be used by themselves
    Qui est là? Personne.
    Tu joues au tennis? Jamais.
    Que veux-tu boire? Rien.

105. NOTE the following expressions
    Ni moi non plus. *Neither am I,* etc.
    Il n'y a rien à faire. *There is nothing to do, nothing to be done.*
    Il est parti sans rien dire. *He left without saying anything.*

106. **SI** replaces **OUI** in answer to a negative question
    Tu ne vas pas travailler ce soir? Mais si, je dois travailler.

J. Adverbs

107. Adverbs of manner are usually formed from adjectives by adding **-MENT**
▶ to the masculine singular form of an adjective which ends in a vowel
    ABSOLU ABSOLUMENT
▶ to the feminine singular of an adjective which ends in a consonant.
    CURIEUX CURIEUSE
    CURIEUSEMENT

108. Adjectives which end in **ANT ENT**
    ÉVIDENT ÉVIDEMMENT
    BRILLANT BRILLAMMENT

109. Irregular adverbs

bon	bien
mauvais	mal
gai	gaiement or gaîment
gentil	gentiment
bref	brièvement
aveugle	aveuglément

110. Some adjectives may be used as adverbs without any change from the masculine singular form
    Il faut aller tout droit.
    Jean chante faux.
    Carole chante juste.
    Ce professeur parle haut.
    Cet élève parle bas.
    Ce repas sent bon.
    Ces fleurs sentent mauvais.

111. The following adverbs intensify or modify the meaning of an adjective or another adverb
TRÈS TOUT FORT TOUT À FAIT COMPLÈTEMENT ASSEZ TROP PEU TERRIBLEMENT
    Je suis complètement fauché.
    L'eau est peu profonde ici.

112. Adverbs usually follow the verb
    Je vais souvent au restaurant.

113. In compound tenses (the perfect, etc.) **VITE SOUVENT TOUJOURS** usually stand before the past participle
    Il a vite fini son travail.
    Les enfants avaient souvent joué dans le jardin.
    Nous avons toujours trouvé ce restaurant excellent.

114. The following adverbs usually follow the past participle
- Adverbs ending in **-MENT**
  Jean-Paul a mangé lentement.
- **AUJOURD'HUI DEMAIN HIER**
  Papa est parti hier.
- **TÔT TARD**
  Les copains sont partis tard.
- **ICI LÀ**
  Nous sommes restés ici **une semaine.**
- Adverbial phrases
  Les Maurier sont arrivés tout de suite.

115. The comparative and superlative of adverbs are formed as for adjectives
Janine court plus vite que Françoise.
NOTE these irregular forms

bien	mieux
mal	pis or plus mal
peu	moins
beaucoup	plus

K. Verbs (see verb tables, page 146)

THE USE OF TENSES

116. THE PRESENT INDICATIVE
is used to indicate
- what is happening now
  Papa travaille dans le salon et Marie fait ses devoirs dans sa chambre, mais je ne sais pas où est maman.
- what does happen (sometimes)
  Nous allons à l'école cinq jours par semaine.
- a present state (which has started in the past and will continue into the future)
  La cathédrale se trouve dans la place.

117. DEPUIS with the present tense
is used of actions which started in the past and have continued until the present
Je suis ici depuis trois heures.
I have been here for three hours (and still am).
Marc travaille à la banque depuis vingt ans.
Marc has worked at the bank for twenty years (and still does).

118. VENIR DE (+infinitive) in the present tense
is used of actions which have just been completed
Mes parents viennent d'arriver.
My parents have just arrived.
Nous venons de finir nos devoirs.
We have just finished our homework.

119. ALLER (+infinitive) in the present tense
is used of actions which are about to take place or which will take place in the fairly near future
Je vais acheter un disque ce matin.
I am going to buy a record this morning.
Nous allons jouer au tennis demain.
We are going to play tennis tomorrow.

120. ÊTRE EN TRAIN DE (+infinitive) in the present tense
is used of actions which are being carried on at the present time
Je suis en train de faire mes devoirs.
I am (in the middle of) doing my homework.
Les Dupont sont en train de dîner.
The Duponts are (in the middle of) having dinner.

121. THE IMPERFECT TENSE
is used
- to describe something in the past
  Il faisait beau ce matin-là.
  Les arbres étaient très beaux.
- to describe what used to happen or what often happened
  Quand j'étais jeune je voyageais beaucoup.
- of an action interrupted by another action
  Je parlais à mes amis quand tu es entré.

122. DEPUIS VENIR DE ALLER ÊTRE EN TRAIN DE may be used in the imperfect tense
J'attendais depuis deux heures.
I had been waiting for two hours.
Jean-Luc venait d'arriver.
Jean-Luc had just arrived.
Sylvie allait se laver les cheveux.
Sylvie was going to wash her hair.
Françoise était en train d'écrire une lettre.
Françoise was (in the middle of) writing a letter.

123. THE PERFECT TENSE
is used to express action completed in the past, not necessarily recently. It is used in conversation, letters, newspapers, etc.
Je suis arrivé lundi.
Nous nous sommes bien amusés en vacances l'année dernière.
It may be used of repeated action, when the number of times the action was repeated is known
La semaine dernière j'ai acheté un disque chaque jour.
Quand j'étais en vacances j'ai déjeuné chaque jour au même restaurant.

124. THE PAST PARTICIPLE

used in the perfect tense and other compound tenses, agrees (i.e. changes in ending according to number and gender) in one of three ways

▶ with some verbs of motion, conjugated with **ÊTRE** (see verb tables, page 147) the past participle acts like an adjective and agrees with the subject

Nous sommes allés en ville hier.
Marie est arrivée en retard ce matin.
Claire et moi, nous sommes restées à la maison toute la journée.

▶ with reflexive verbs, the past participle agrees with a preceding direct object, i.e. the reflexive pronoun

Les garçons se sont levés de bonne heure.

BUT **Elle s'est cassé la jambe.**
Les enfants ne se sont pas lavé les mains.

In these cases the direct object (**la jambe, les mains**) follows the verb and there is no agreement.

▶ with verbs conjugated with **AVOIR**, the past participle agrees with the preceding direct object, if any

▶ in a relative clause (when **QUE** stands before the subject)

Henri a cassé la tasse que je lui avais donnée.

▶ when there is a pronoun direct object.

Ah, voici ma montre! Je l'ai trouvée.

▶ when **COMBIEN DE** or **QUELLE QUELS QUELLES** stand in front of the verb

Combien de voitures as-tu vues?
Quels gâteaux avez-vous choisis?

NOTE There is no agreement with **EN**

Tu aimes les disques de jazz? Oui, j'en ai acheté des douzaines.

125. THE PAST HISTORIC TENSE

is used in the same way as the Perfect Tense, but in more formal style. It is very rarely used in speech, or in letters, but is frequently found in books, newspapers, etc.

Le roi mourut à Paris.
La bande arriva au bord de la rivière.

NOTE **La reine régna soixante ans.** (Since the length of time is known and stated, we think of the verb as describing a single completed action.)

126. THE PLUPERFECT TENSE

describes what had happened before the time of the main story

Monique était à la maison quand tu es arrivé?
Non, elle était déjà sortie.

REMEMBER The rules for agreement of the past participle apply to the Pluperfect Tense.

127.

Two other compound tenses with similar meanings to the Pluperfect are often used in sentences including **LORSQUE QUAND** and other conjunctions. These are the Past Anterior, used when the main narrative is in the Past Historic Tense and the Passé Surcomposé, frequently used in conversation and informal style when the main narrative is in the Perfect.

128. THE FUTURE TENSE

is used to describe what will happen. It must be used after conjunctions such as **QUAND** and **LORSQUE**, when the future is implied by the sense of the sentence

Quand je serai en vacances, je passerai tout mon temps à la plage.

129. THE FUTURE PERFECT TENSE

is used to indicate events in the future which will take place before something else, often with **QUAND** etc.

Je sortirai quand j'aurai fini mon travail.

REMEMBER The rules for agreement of the past participle apply to the Future Perfect.

130. THE CONDITIONAL MOOD

is used to indicate

▶ what would happen if something else were to happen

Si nous avions assez de temps libre, nous écouterions des disques.

NOTE When the main verb is in the Conditional, the verb after **SI** is in the imperfect.

▶ in indirect (reported) speech, where it replaces the Future

Tiens, Paul viendra demain! Quoi? Je croyais qu'il viendrait la semaine prochaine.

131. THE CONDITIONAL PERFECT

is used to indicate what would have happened if something else had happened

S'il l'avait acheté j'aurais été très fâché.

NOTE When the main verb is in the Conditional Perfect, the verb after **SI** is in the Pluperfect.

REMEMBER The rules for agreement of the past participle apply to the Conditional Perfect.

132. THE IMPERATIVE MOOD

is used for instructions, commands or suggestions

Ouvrez la porte!
Allons au cinéma ce soir!

NOTE The Infinitive is often used instead of the Imperative, particularly in recipes or instructions

Ajouter le blanc d'un œuf.
Faire bouillir le lait.

133. THE INFINITIVE
may be used to replace a clause, especially if the subject of both possible clauses is the same
Avant de partir il m'a parlé.
Je suis content de vous voir ici.

134. The Perfect Infinitive may be used in the same way
Après avoir téléphoné à la police, le chauffeur est parti.
Après s'être levé, il est descendu à la plage.

135. The Infinitive is used after prepositions (except **EN**, which takes the Present Participle, and **APRÈS**, which takes the Perfect Infinitive)
Elle est partie sans parler.
Je dois travailler pour réussir.

VERB CONSTRUCTIONS

136. Verbs which take the infinitive as a direct object, without a preposition
Les garçons aiment jouer au football.

aimer	aller	compter	courir	désirer	devoir
envoyer	espérer	falloir	monter	oser	penser
pouvoir	préférer	savoir	sortir	venir	vouloir

137. Verbs which take **À** before an infinitive
Nous nous amusons à faire du ski.

s'amuser	apprendre	s'attendre	chercher	commencer
consentir	continuer	se décider	hésiter	s'intéresser
se mettre	s'occuper	se préparer	réussir	songer

138. Verbs which take **DE** before an infinitive
Je vais cesser de fumer.

s'arrêter	cesser	se charger	se dépêcher	décider	essayer
finir	être fâché	menacer	être obligé	oublier
se plaindre	tâcher	remercier	se souvenir	refuser

139. Verbs which take a direct object in French, but not in English
Nous attendons Sylvie depuis une heure.

| attendre | chercher | demander | écouter |
| habiter | payer | regarder |

140. Verbs which take an indirect object in French, but not in English
Il faut obéir à ses parents

| s'adresser | convenir | se fier | jouer | obéir |
| plaire | répondre | ressembler | téléphoner |

141. Verbs which take **DE** before an object
Les agents se sont approchés de la maison.

s'apercevoir	s'approcher	dépendre	(se) douter	s'emparer
jouir	jouer	manquer	se méfier	se moquer
se tromper				

142. Verbs with two objects – direct and indirect (verbs of taking, etc.)

| Michel a | caché demandé emprunté pris | le vélo l'appareil la moto le stylo | à | un ami son cousin sa sœur |

acheter	arracher	cacher
demander	emprunter	enlever
ôter	prendre	voler

NOTE Verbs of giving, etc., have a direct and indirect object as in English, e.g. **donner prêter vendre**

143. Verbs which take an indirect object and **DE** + infinitive
Le capitaine a commandé aux soldats de se cacher.

| commander | conseiller | défendre | demander | dire |
| ordonner | pardonner | permettre | promettre | proposer |

144. Verbs which take a direct object and infinitive without preposition
J'ai entendu chanter Sylvie.

| laisser | faire | apercevoir | entendre | voir | sentir |
| regarder | écouter | | | | |

145. Verbs which take a direct object and infinitive + **À**
L'oncle Gilles a invité les copains à prendre un verre.

| aider | encourager | inviter | obliger |

146. Verbs which take a direct object and infinitive + **DE**
Françoise persuade Guy de l'inviter à déjeuner.

| avertir | empêcher | persuader | prier | remercier |

131

147. THE PRESENT PARTICIPLE

is often used with **EN** to indicate *how, by, while, on*

Je suis tombé en ouvrant la porte.
I fell down while opening the door.

L'étudiant gagne de l'argent en chantant.
The student earns money by singing.

En attendant l'autobus, j'ai vu Pierre.
While waiting for the bus, I saw Pierre.

En arrivant chez moi, j'ai trouvé la lettre de Jeannè.
On arriving home, I found the letter from Jeanne.

NOTE **Il est entré en courant.**
He ran in.

Il a traversé la rivière en nageant.
He swam across the river.

THE SUBJUNCTIVE MOOD

Expressions which require the subjunctive include:

148. Expressions and verbs of emotion

▶ | être | content
étonné
triste
heureux
surpris | que |

Je suis content que tu puisses venir.

▶ | avoir | peur
honte | que |

J'ai peur que mon déjeuner soit brûlé.

▶ | craindre
regretter | que |

Je regrette qu'elle soit malade.

149. Verbs of wishing, willing, doubting

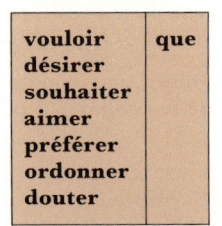

▶ | vouloir
désirer
souhaiter
aimer
préférer
ordonner
douter | que |

Guy veut que nous arrivions de bonne heure.
Je préfère que tu viennes lundi.

150.

▶ | attendre | que |

Attends que nous arrivions à la plage.

151. Some impersonal expressions

▶ | il faut
il vaut mieux | que |

Il faut que vous alliez en ville.

▶ | il est | nécessaire
possible
impossible | que |

Il est possible que j'aie le livre dont vous avez besoin.

▶ | c'est | dommage | que |

152. Some verbs and impersonal expressions which usually take the indicative take the subjunctive in the negative and interrogative

| il n'est pas | certain
évident
probable
sûr
vrai | que |

Il n'est pas certain qu'il soit arrivé.

| ne pas | croire
dire
espérer
penser | que |

Je ne pense pas qu'il y ait des chambres libres.

153. Certain conjunctions

▶ | quoique |

Quoiqu'il soit riche, il n'est pas heureux.

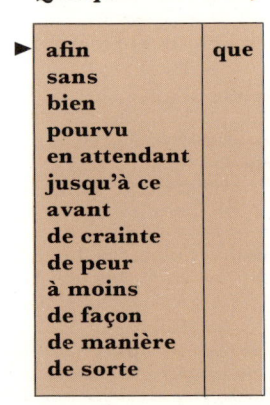

▶ | afin
sans
bien
pourvu
en attendant
jusqu'à ce
avant
de crainte
de peur
à moins
de façon
de manière
de sorte | que |

Je dois rester au lit jusqu'à ce que le médecin vienne me voir.

154. ▶ A superlative idea

| le plus grand | qui, que |

C'est le plus grand avion que j'aie jamais vu.

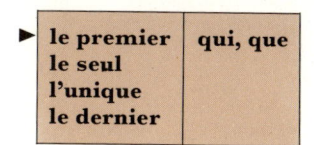

▶ | le premier
le seul
l'unique
le dernier | qui, que |

Jean-Luc est le seul qui sache parler l'italien.

155. Expressions of negation

| rien
aucun | que |

Il n'y a rien que je ne puisse pas faire.

156. Indefinite antecedents
Je cherche un homme qui sache réparer une moto.
Y a-t-il un homme qui puisse faire cela?

157. REMEMBER The subjunctive can often be avoided by the use of an infinitive, if the subject of both clauses is the same
Je regrette de ne pas pouvoir vous aider, monsieur.
Ma tante a peur de manquer le train.

MODAL VERBS

158. POUVOIR to be able (can)

| you | can, may ...
will be able to ...
could, would be able to
could, were, used to be able to ...
were able, managed to ...
had been able to ...
could have ... | tu | peux
pourras
pourrais
pouvais

as pu
avais pu
aurais pu | rester |

159. DEVOIR to have to (must)

| I | have to, must, am to ...
shall have to ...
should have to, ought to ...
had to, was to ... | je | dois
devrai
devrais

devais | partir |
| | have had to, must have ...
had had to ...
should have had to, ought to have ... | j' | ai dû
avais dû
aurais dû | vendre la maison |

160. VOULOIR to want

| I | should like ...
should have liked ... | je voudrais
j'aurais voulu | un verre de vin encore une tasse de café |

161. SAVOIR to know (how)   POUVOIR to be able

je sais jouer au rugby	I can play rugby (I know how to)
je peux jouer au rugby ce soir	I can play rugby this evening (I have permission)
je suis blessé, je ne peux pas jouer	I can't play (am unable)

Index

33–43 *adjectives*
agreement 33–36; comparison 41–42; demonstrative 10–12; position 37–39; possessive 15–18; prepositions following 40; superlative 43

107–115 *adverbs*
comparative and superlative 115; formation 107–110; interrogative 85–93; negative 94–106; position 112–114

1–20 *articles and determinatives*
articles 2; definite 3–5; indefinite 6–7; partitive 8–9

21–32 *indefinite adjectives and pronouns*

44–51 *nouns*
gender 50–51; plural 44–49

13–14 *pronouns, demonstrative*
disjunctive 63–65; interrogative 77–85; object 52, 55–57; position of object pronouns 58–62; personal 52–57; possessive 19–20; reflexive 57; relative 68–76; subject 52–54

148–156 *subjunctive*
avoidance 157

116–132 *tenses*
conditional mood 130; conditional perfect 131; future 128; future perfect 129; imperfect 121–122; passé surcomposé 127; past anterior 127; past historic 125; perfect 123–124; pluperfect 126; present 147

116–161 *verbs*
government of verbs 136–146; imperative mood 132; infinitive 133; modal verbs 158–161; present participle 147

Verb Tables

Regular Verbs

A -ER

INFINITIF: donner *to give*

		PRESENT	IMPARFAIT	FUTUR	CONDITIONNEL	PASSE SIMPLE (PAST HISTORIC)	PRESENT DU SUBJONCTIF
PARTICIPE PRESENT donn**ant**	je	donn e	donn ais (WAS)	donner ai	donner ais	donn ai	donn e
	tu	es	ais	as	ais	as	es
	il	e	ait	a	ait	a	e
	elle	e	ait	a	ait	a	e
IMPERATIF	nous	ons	ions	ons	ions	âmes	ions
donn**e**	vous	ez	iez	ez	iez	âtes	iez
donn**ons**	ils	ent	aient	ont	aient	èrent	ent
donn**ez**	elles	ent	aient	ont	aient	èrent	ent

		PASSE COMPOSE (PERFECT)	PLUS-QUE-PARFAIT (HAD)	FUTUR ANTERIEUR (SHALL HAVE)	CONDITIONNEL ANTERIEUR
PARTICIPE PASSE	j'	ai donné (I GAVE)	avais donné	aurai donné	aurais donné
donn**é**	tu	as	ais	as	ais
	il	a	ait	a	ait
	elle	a	ait	a	ait
	nous	avons	ions	ons	ions
	vous	avez	iez	ez	iez
	ils	ont	aient	ont	aient
	elles	ont	aient	ont	aient

B -IR

INFINITIF: finir *to finish*

		PRESENT	IMPARFAIT	FUTUR	CONDITIONNEL	PASSE SIMPLE	PRESENT DU SUBJONCTIF
PARTICIPE PRESENT fin**issant**	je	fin is	finiss ais	finir ai	finir ais	fin is	finiss e
	tu	is	ais	as	ais	is	es
	il	it	ait	a	ait	it	e
	elle	it	ait	a	ait	it	e
IMPERATIF	nous	issons	ions	ons	ions	îmes	ions
fin**is**	vous	issez	iez	ez	iez	îtes	iez
fin**issons**	ils	issent	aient	ont	aient	irent	ent
fin**issez**	elles	issent	aient	ont	aient	irent	ent

		PASSE COMPOSE	PLUS-QUE-PARFAIT	FUTUR ANTERIEUR	CONDITIONNEL ANTERIEUR
PARTICIPE PASSE	j'	ai fini	avais fini	aurai fini	aurais fini
fin**i**	tu	as	ais	as	ais
	il	a	ait	a	ait
	elle	a	ait	a	ait
	nous	avons	ions	ons	ions
	vous	avez	iez	ez	iez
	ils	ont	aient	ont	aient
	elles	ont	aient	ont	aient

C -RE

INFINITIF: vendre *to sell*

		PRESENT	IMPARFAIT	FUTUR	CONDITIONNEL	PASSE SIMPLE	PRESENT DU SUBJONCTIF
PARTICIPE PRESENT vend**ant**	je	vend s	vend ais	vendr ai	vendr ais	vend is	vend e
	tu	s	ais	as	ais	is	es
	il		ait	a	ait	it	e
	elle		ait	a	ait	it	e
IMPERATIF	nous	ons	ions	ons	ions	îmes	ions
vend**s**	vous	ez	iez	ez	iez	îtes	iez
vend**ons**	ils	ent	aient	ont	aient	irent	ent
vend**ez**	elles	ent	aient	ont	aient	irent	ent

		PASSE COMPOSE	PLUS-QUE-PARFAIT	FUTUR ANTERIEUR	CONDITIONNEL ANTERIEUR
PARTICIPE PASSE	j'	ai vendu	avais vendu	aurai vendu	aurais vendu
vend**u**	tu	as	ais	as	ais
	il	a	ait	a	ait
	elle	a	ait	a	ait
	nous	avons	ions	ons	ions
	vous	avez	iez	ez	iez
	ils	ont	aient	ont	aient
	elles	ont	aient	ont	aient

D Verbs of motion conjugated with 'être'

INFINITIF: **aller** *to go*								
	PASSE COMPOSE		PLUS-QUE-PARFAIT		FUTUR ANTERIEUR		CONDITIONNEL ANTERIEUR	
je (j')	suis	all é(e)	étais	all é(e)	serai	all é(e)	serais	all é(e)
tu	es	é(e)	ais	é(e)	as	é(e)	ais	é(e)
il	est	é	ait	é	a	é	ait	é
elle	est	ée	ait	ée	a	ée	ait	ée
nous	sommes	é(e)s	ions	é(e)s	ons	é(e)s	ions	é(e)s
vous	êtes	é(e)(s)	iez	é(e)(s)	ez	é(e)(s)	iez	é(e)(s)
ils	sont	és	aient	és	ont	és	aient	és
elles	sont	ées	aient	ées	ont	ées	aient	ées

like aller	**arriver** **monter** **partir** **sortir**	N.B. these verbs and their compounds are conjugated
	descendre **mourir** **rester** **tomber**	with avoir when they have a direct object:
	entrer **naître** **retourner** **venir** and compounds	**descendre; entrer; monter; sortir.**

E Reflexive verbs

INFINITIF: **se laver** *to wash*								
	PRESENT		FUTUR		PASSE COMPOSE		PLUS-QUE-PARFAIT	
PARTICIPE PRESENT	je me	lave	me	laverai	je me	suis lavé(e)	je m'	étais lavé(e)
me lavant etc.	tu te	es	te	as	tu t'	es é(e)	tu t'	ais é(e)
	il se	e	se	a	il s'	est é	il s'	ait é
	elle se	e	se	a	elle s'	est ée	elle s'	ait ée
IMPERATIF	nous nous	ons	nous	ons	nous nous	sommes é(e)s	nous nous	ions é(e)s
lave-toi	vous vous	ez	vous	ez	vous vous	êtes é(e)(s)	vous vous	iez é(e)(s)
lavons-nous	ils se	ent	se	ont	ils se	sont és	ils s'	aient és
lavez-vous	elles se	ent	se	ont	elles se	sont ées	elles s'	aient ées

F -ER verbs with stem changes

i) **acheter** (*to buy*) requires **è** when the following syllable contains mute **e**.

PRESENT (INDICATIF ET SUBJONCTIF)	FUTUR ET CONDITIONNEL	
j'achète	j'achèterai	j'achèterais
tu achètes	tu achèteras	tu achèterais
il achète	il achètera	il achèterait
	nous achèterons	nous achèterions
	vous achèterez	vous achèteriez
ils achètent	ils achèteront	ils achèteraient

like **acheter**: **lever; mener; semer;** and compounds.

ii) **appeler** (*to call*) requires **ll** when the following syllable contains mute **e**.

PRESENT (INDICATIF ET SUBJONCTIF)	FUTUR ET CONDITIONNEL	
j'appelle	j'appellerai	j'appellerais
tu appelles	tu appelleras	tu appellerais
il appelle	il appellera	il appellerait
	nous appellerons	nous appellerions
	vous appellerez	vous appelleriez
ils appellent	ils appelleront	ils appelleraient

like **appeler**: **jeter** and compounds.

iii) **espérer** (*to hope*) requires **è** before mute endings.

PRESENT (INDICATIF ET SUBJONCTIF)
j'espère
tu espères
il espère
ils espèrent

like **espérer**: **considérer; différer; s'inquiéter; libérer; pénétrer; protéger; régler; répéter; révéler; sécher.**

iv) **nettoyer** (*to clean*) requires **i** before a syllable containing mute **e**.

PRESENT (INDICATIF ET SUBJONCTIF)	FUTUR ET CONDITIONNEL	
je nettoie	je nettoierai	je nettoierais
tu nettoies	tu nettoieras	tu nettoierais
il nettoie	il nettoiera	il nettoierait
	nous nettoierons	nous nettoierions
	vous nettoierez	vous nettoieriez
ils nettoient	ils nettoieront	ils nettoieraient

like **nettoyer**: **employer; envoyer** (futur **j'enverrai**); **appuyer; ennuyer; essuyer.**

In verbs ending in **-ayer**, e.g. **essayer, payer,** the change is optional: je paie or je paye.

v) **manger** (*to eat*) requires **ge** before **o** or **a**

e.g. PRESENT (INDICATIF)	IMPARFAIT	PASSE SIMPLE
nous mangeons	je mangeais	je mangeai

like **manger**: **bouger; changer; charger; déranger; diriger; loger; nager; obliger; protéger; ranger.**

vi) **commencer** (*to begin*) requires **ç** before **o** or **a**

e.g. PRESENT (INDICATIF)	IMPARFAIT	PASSE SIMPLE
nous commençons	je commençais	je commençai

like **commencer**: **annoncer; avancer; lancer; menacer; prononcer; remplacer.**

G Common irregular verbs

Other verbs which follow the same pattern as a verb in this table are indicated in the vocabulary.

INFINITIF ET PARTICIPE PRESENT	IMPERATIF	PRESENT	IMPARFAIT	FUTUR ET CONDITIONNEL	PASSE SIMPLE	PRESENT DU SUBJONTIF	PASSE COMPOSE
aller allant *to go*	**va** allons allez	**vais** allons **vas** allez **va vont**	allais	**irai** **irais**	allai	**aille** allons **ailles** alliez **aille aillent**	suis allé(e)
s'asseoir asseyant *to sit down*	assieds-toi asseyons-nous asseyez-vous	**assieds asseyons** **assieds asseyez** **assied asseyent**	asseyais	**assiérai** **assiérais**	**assis**	asseye asseyions asseyes asseyiez asseye asseyent	suis **assis(e)**
avoir **ayant** *to have*	**aie** **ayons** **ayez**	**ai** avons **as** avez **a ont**	avais	**aurai** **aurais**	**eus**	**aie ayons** **aies ayez** **ait aient**	ai **eu**
boire buvant *to drink*	bois buvons buvez	bois **buvons** bois **buvez** boit **boivent**	buvais	boirai boirais	**bus**	boive **buvons** boives **buviez** boive boivent	ai **bu**
conduire conduisant *to drive*	conduis conduisons conduisez	conduis **conduisons** conduis **conduisez** condui**t conduisent**	conduisais	conduirai conduirais	**conduisis**	conduise conduisions conduises conduisiez conduise conduisent	ai **conduit**
connaître connaissant *to know*	connais connaissons connaissez	**connais connaissons** **connais connaissez** connaî**t connaissent**	connaissais	connaîtrai connaîtrais	**connus**	connaisse connaissions connaisses connaissiez connaisse connaissent	ai **connu**
courir courant *to run*	cours courons courez	**cours courons** **cours courez** **court courent**	courais	**courrai** **courrais**	**courus**	coure courions coures couriez coure courent	ai **couru**
craindre craignant *to fear*	crains craignons craignez	**crains craignons** **crains craignez** **craint craignent**	craignais	craindrai craindrais	**craignis**	craigne craignions craignes craigniez craigne craignent	ai **craint**
croire croyant *to believe*	crois croyons croyez	crois cro**yons** crois cro**yez** croit croient	croyais	croirai croirais	**crus**	croie **croyions** croies **croyiez** croie croient	ai **cru**
devoir devant *to have, owe*	dois devons devez	**dois** devons **dois** devez **doit doivent**	devais	**devrai** **devrais**	**dus**	doive **devons** doives **deviez** doive doivent	ai **dû**
dire disant *to say, tell*	dis disons dites	dis **disons** dis **dites** dit **disent**	disais	dirai dirais	**dis**	dise disions dises disiez dise disent	ai **dit**
dormir dormant *to sleep*	dors dormons dormez	**dors dormons** **dors dormez** **dort dorment**	dormais	dormirai dormirais	dormis	dorme dormions dormes dormiez dorme dorment	ai dormi
écrire écrivant *to write*	écris écrivons écrivez	écris **écrivons** écris **écrivez** écrit **écrivent**	écrivais	écrirai écrirais	**écrivis**	écrive écrivions écrives écriviez écrive écrivent	ai **écrit**
s'enfuir enfuyant *to flee*	enfuis-toi enfuyons-nous enfuyez-vous	enfuis **enfuyons** enfuis **enfuyez** enfuit **enfuient**	enfuyais	enfuirai enfuirais	enfuis	enfuie **enfuyions** enfuies **enfuyiez** enfuie enfuient	suis enfui(e)
envoyer envoyant *to send*	envoie envoyons envoyez	envoi**e** envoyons envoi**es** envoyez envoi**e envoient**	envoyais	**enverrai** **enverrais**	envoyai	envoie **envoyions** envoies **envoyiez** envoie envoient	ai envoyé
être **étant** *to be*	**sois** **soyons** **soyez**	**suis sommes** **es êtes** **est sont**	**étais**	**serai** **serais**	**fus**	**sois soyons** **sois soyez** **soit soient**	ai **été**
faire faisant *to do, make*	fais faisons faites	fais **faisons** fais **faites** fait **font**	faisais	**ferai** **ferais**	**fis**	**fasse fassions** **fasses fassiez** **fasse fassent**	ai **fait**
falloir *to be necessary*		il **faut**	il fallait	il **faudra** il **faudrait**	il **fallut**	il **faille**	il a **fallu**
lire lisant *to read*	lis lisons lisez	lis **lisons** lis **lisez** lit **lisent**	lisais	lirai lirais	**lut**	lise lisions lises lisiez lise lisent	ai **lu**

Other verbs which follow the same pattern as a verb in this table are indicated in the vocabulary.

INFINITIF ET PARTICIPE PRESENT	IMPERATIF	PRESENT	IMPARFAIT	FUTUR ET CONDITIONNEL	PASSE SIMPLE *Past Historic*	PRESENT DU SUBJONCTIF	PASSE COMPOSE
mettre mettant *to put*	mets mettons mettez	mets mettons mets mettez met mettent	mettais	mettrai mettrais	mis	mette mettions mettes mettiez mette mettent	ai mis
ouvrir ouvrant *to open*	ouvre ouvrons ouvrez	ouvre ouvrons ouvres ouvrez ouvre ouvrent	ouvrais	ouvrirai ouvrirais	ouvris	ouvre ouvrions ouvres ouvriez ouvre ouvrent	ai ouvert
plaire plaisant *to please*	plais plaisons plaisez	plais plaisons plais plaisez plaît plaisent	plaisais	plairai plairais	plus	plaise plaisions plaises plaisiez plaise plaisent	ai plu
pleuvoir pleuvant *to rain*	—	il pleut	il pleuvait	il pleuvra il pleuvrait	il plut	il pleuve	il a plu
pouvoir pouvant *to be able to*	—	peux pouvons peux pouvez peut peuvent (N.B. puis-je)	pouvais	pourrai pourrais	pus	puisse puissions puisses puissiez puisse puissent	ai pu
prendre prenant *to take*	prends prenons prenez	prends prenons prends prenez prend prennent	prenais	prendrai prendrais	pris	prenne prenions prennes preniez prenne prennent	ai pris
recevoir recevant *to receive*	reçois recevons recevez	reçois recevons reçois recevez reçoit reçoivent	recevais	recevrai recevrais	reçus	reçoive recevions reçoives receviez reçoive reçoivent	ai reçu
rire riant *to laugh*	ris rions riez	ris rions ris riez rit rient	riais (N.B. riions riiez)	rirai rirais	ris	rie riions ries riiez rie rient	ai ri
savoir sachant *to know*	sache sachons sachez	sais savons sais savez sait savent	savais	saurai saurais	sus	sache sachions saches sachiez sache sachent	ai su
sortir sortant *to go out*	sors sortons sortez	sors sortons sors sortez sort sortent	sortais	sortirai sortirais	sortis	sorte sortions sortes sortiez sorte sortent	suis sorti(e)
suivre suivant *to follow*	suis suivons suivez	suis suivons suis suivez suit suivent	suivais	suivrai suivrais	suivis	suive suivions suives suiviez suive suivent	ai suivi
vaincre vainquant *to conquer*	vaincs vainquons vainquez	vaincs vainquons vaincs vainquez vainc vainquent	vainquais	vaincrai vaincrais	vainquis	vainque vainquions vainques vainquiez vainque vainquent	ai vaincu
valoir valant *to be worth*		il vaut	il valait	il vaudra il vaudrait	il valut	il vaille	il a valu
venir venant *to come*	viens venons venez	viens venons viens venez vient viennent	venais	viendrai viendrais	vins	vienne venions viennes veniez vienne viennent	suis venu(e)
vivre vivant *to live*	vis vivons vivez	vis vivons vis vivez vit vivent	vivais	vivrai vivrais	vécus	vive vivions vives viviez vive vivent	ai vécu
voir voyant *to see*	vois voyons voyez	vois voyons vois voyez voit voient	voyais	verrai verrais	vis	voie voyions voies voyiez voie voient	ai vu
vouloir voulant *to wish, want*	veuille veuillons veuillez	veux voulons veux voulez veut veulent	voulais	voudrai voudrais	voulus	veuille voulions veuilles vouliez veuille veuillent	ai voulu

Vocabulaire

a

The vocabulary contains all but the most common words and words which are very similar in French and English. There is no entry for words which occur only in the examination passages.

d'abord, first, at first
aboyer, to bark
d'accord, I agree, all right
    être d'—, to be in agreement
accoutumé(e), accustomed, used to
s'accroître, to increase
accueillir, to welcome
acharné(e), strenuous
un achat, purchase
    faire des —s, to do some shopping
acheter, to buy [see Verb Tables]
acquiescer, to agree
actuel(le), present
actuellement, at present
une addition, bill
    adossé(e) à, backing onto
s'adresser à, to apply to
adroitement, skilfully
une affaire, matter
    les affaires, things, business
    un homme d'affaires, businessman
une affiche, notice
    affluence, les heures d'—, rush hour
affreux; affreuse, frightful
afin de, in order to
agacé(e), exasperated
âgé(e), old, aged
une agence de placement, employment agency
    une — de publicité, advertising agency
    une — de voyages, travel agency
    une — immobilière, estate agency
un agent, policeman
    agit, il s'— de, it is a question of
agité(e), agitated
agiter, to wave
agrandir, to enlarge
agréable, pleasant
l'agrément, m, delight
agricole, agricultural
l'aide, f, help
l'ail, m, garlic
une aile, wing
    ailleurs, elsewhere
    d'—, moreover
aimable, kind, nice
aîné(e), elder, eldest
ainsi, thus, so
    — que, as well as
    et — de suite, and so on
l'air, m, air
    en plein —, in the open air
    avoir l'—, to seem
ajouter, to add

l'alcooltest, m, breathalyser test
aligner, to line up
l'alimentation générale, grocer's shop
l'Allemagne, f, Germany
    allemand(e), German
aller, to go [see Verb Tables]
    — chercher, to fetch
    — mieux, to be better
s'allonger, to stretch out
l'allumage, m, lighting
allumer, to light, to switch on
l'allure, f, pace, speed
alors, then, so
l'alpinisme, m, **faire de l'—,** to climb
un amateur, enthusiast
l'ambiance, f, atmosphere
améliorer, to better, to improve
aménager, to fit up, to fit out
un amortisseur, shock-absorber
s'amuser, to enjoy oneself
ancien(ne), old, former
une angine, tonsillitis
l'Angleterre, f, England
animé(e), animated
un anneau de vitesse, speed skating rink
une année, year
un anniversaire, birthday
une annonce, advertisement
(s')apercevoir, to notice [like *recevoir*]
un appareil, camera
    un — ménager, household appliance
un appartement, flat
appartenir, to belong [like *venir*]
un appel, call
appétissant(e), appetising
apporter, to bring
apprendre, to learn [like *prendre*]
un apprenti, apprentice
(s')approcher (de), to approach
appuyer, to press [like *essayer*]
l'aptitude, f, skill, gift
araignée, la toile d'—, spider's web
une armoire, cupboard
    une — à linge, linen cupboard
    une — à pharmacie, medicine cabinet
arracher, to snatch, to pull out
(s')arrêter, to stop, to arrest
l'arrière, m, back
    faire marche —, to reverse
arriver, to arrive, to happen
un arrondissement, district
un arroseur, watercart man
un artichaut, artichoke

un ascenseur, lift
asperger, to sprinkle
un aspirateur, vacuum cleaner
s'asseoir, to sit down [see Vb. Tables]
assez, fairly, quite
    — de, enough
une assiette, plate
    assis(e), être —, to be sitting
assister à, to attend, to be present at
assorti(e) à, matching
l'assurance, f, insurance
l'astiquage, m, polishing
astiquer, to polish
attacher, to tie
atteindre, to reach [like *craindre*]
attendre, to wait (for)
    s'— à, to expect
une attente, wait
    attention, faire —, to be careful
atterrir, to land
attirer, to attract
un attrait, attraction
attristant(e), sad
une auberge de la jeunesse, youth hostel
audacieux; audacieuse, bold
augmenter, to increase
aussitôt, at once
un autocar, motor-coach
    autostop, faire de l'—, to hitch-hike
autour de, around
autre, other
    — chose, something else
    quelque chose d'—, sthg. else
autrefois, formerly
l'Autriche, f, Austria
(s')avancer, to go forward [like *commencer*]
l'avenir, m, future
s'aventurer, to venture
avertir, to warn
un avion, plane
    un —-citerne, tanker plane
un avis, notice
un avocat, lawyer
avoir, to have [see Verb Tables]
    — l'air, to seem
    — besoin de, to need
    — la bonté de, to be good enough to
    — le droit de, to be entitled to
    — envie de, to want to
    — faim, to be hungry
    — l'habitude de, to be in the habit of
    — honte, to be ashamed
    — l'intention de, to intend to
    — lieu, to take place

a–c

— **du mal à,** to have difficulty in
— **peur,** to be afraid
— **raison,** to be right
— **soit,** to be thirsty
— **tendance à,** to be inclined to
avouer, to confess

b

se baigner, to bathe
  bain(s), la salle de —, bathroom
  baisser, to lower
    — **la glace,** to lower the window
le balai, brush, broom
se balancer, to rise and fall
  balayer, to sweep [like *essayer*]
le balayeur, road sweeper
la bande, gang
en bandoulière, across one's back
la banlieue, suburb(s)
la banquette, seat
la barbe, beard
  barbu, bearded
  bas; basse, low
le bateau, boat
    faire une promenade en —, to take a boat trip
    le — -mouche, pleasure boat
    le — à voile, sailing boat
le bâtiment, building
  bâtir, to build
  battre, to beat [like *mettre*]
  se —, to fight
  bavarder, to gossip
la bêche, spade
le belvédère, viewpoint
  besoin, avoir — de, to need
    si — est, if need be
le béton, concrete
la betterave, beetroot, 'slippery surface'
le beuglement, bellowing, roar
le beurre, butter
le bibelot, knick-knack
la bibliothèque, library, bookcase
  bien, tant — que mal, after a fashion
la bijouterie, jeweller's shop
  bis, le pain —, wholemeal bread
le bistrot, café
  bizarre, strange
  blanchi(e), whitewashed
  blanchir le linge, to do the washing
la blanchisserie, laundry
le blason, arms
le blé, wheat
  blessé(e), injured
le blouson, windcheater
  boire, to drink [see Verb Tables]
le bois, wood
la boisson, drink
la boîte à outils, tool-box
    la — de nuit, night-club
le bonheur, happiness

la bonne, maid
  la — à tout faire, maid of all work
au bord de, beside
la botte, boot
la bouche, mouth
le boucher, butcher
  bouger, to move, to travel
la bougie, candle, sparking plug
bouillir, faire —, to boil
la boulangerie, baker's shop
  bouleverser, to upset
  bourgeois(e), homely
le bout, end
  au — de, at the end of
la boutique, shop
la boutonnière, button-hole
  brancher, to connect
  brandir, to brandish
  bref; brève, brief
  bricoler, to potter
le bricoleur, handyman
le briquet, cigarette lighter
la broche, spit
  brodé(e), embroidered
la brosse à dents, toothbrush
se brosser les dents, to brush one's teeth
le brouillard, fog
  brouiller, to mix up
le bruit, noise
  brûler, to burn
  brusque, sudden
le bulletin, report
le bureau, office, desk
    le — des objets trouvés, lost property office

c

le cabinet de travail, study
(se) cacher, to hide
le cadeau, present
le cadre, frame
la caisse, cash desk
    la Caisse d'Epargne, Savings Bank
le calcul, calculation
le calme, peace
le cambrioleur, burglar
la caméra, cine-camera
le camion, lorry
  en —, by lorry
la camionnette, van
la campagne, campaign, countryside
le camping, campsite, camping
le canard, duck
le candidat, candidate, applicant
le caoutchouc, rubber
le car, motor-coach
le carnet, notebook
    le — de chèques, cheque book
  carré(e), square
à carreaux, check
le carrefour, crossroads
  carrelé(e), tiled

la carte, map
le carton, cardboard
la caserne, barracks, station
    la — des sapeurs-pompiers, fire station
la casquette de loutre, otter-skin cap
  casser, to break
la casserole, saucepan
le cassettophone, cassette recorder
le cauchemar, nightmare
à cause de, because of
la cave, cellar
la ceinture, belt
  célèbre, famous
la cendre, ash
le cendrier, ashtray
  censé(e), supposed
une centaine (de), a hundred
  cependant, however
la céramique, pottery
le cerf, stag
  cesser, to stop
la chaleur, heat
le champignon, mushroom
le chancelier, chancellor
le chandail, sweater
la chanson, song
le chansonnier, singer
le chanteur, singer (male)
le charbon, coal
le chargement, load
  charger (de), to load (with) [like *manger*]
  se — de, to undertake
le chariot, trolley
  charmant(e), delightful
la chasse, hunt, chase
  chatoyer, to sparkle
le chauffard, road-hog
le chauffe-eau, water heater
le chauffeur, driver
  chaussé(e), fitted, shod
la chaussée, road (way)
la chaussette, sock
la chaussure, shoe
un chèque, toucher un —, to cash a cheque
    le carnet de —s, cheque book
  chercher, to look for
    — **à,** to try to
    aller —, to fetch
le chercheur, researcher
la chèvre, goat
  chic, smart
le chiffre, figure
le chimiste, chemist
le choc, collision
le choix, choice
la chose, thing
    autre —, something else
    quelque —, something
  chuchoter, to whisper
la chute, fall
  à ciel ouvert, open air
le cimetière, cemetery

139

c–d

le cinéaste, film-maker
la cinémathèque, film library
la circulation, traffic
le ciré, waxed cloth, ciré
  cirer, to polish
la cité, town, city
  citer, to quote
la citerne, cistern, water tank
le citoyen, citizen
  clair(e), clear, light
    le clair de lune, moonlight
la clarté, light, brightness
la clef, key
    fermer à —, to lock
    la — anglaise, spanner
la clientèle, customers
le clou, nail
  cœur, de bon —, heartily
se coiffer, to do one's hair
le coiffeur, hairdresser
en colère (contre), angry (with)
la colle, glue
un(e) collégien(ne), college student
  coller, to stick
le collier, necklace
la colline, hill
la colonie de vacances, holiday camp for children
  commander, to order
le commerçant, tradesman, businessman
le commerce, business
le commissariat, police station
la commune, community
  complet; complète, full
le complet, suit
se comporter, to behave
le compotier, fruit dish
  comprendre, to understand [like *prendre*]
  y compris, including
le compte, calculation
    faire ses comptes, to do one's accounts
  compter, to count, to intend to
le compteur, distance meter
le comptoir, counter
un(e) concierge, caretaker
le concours, competition
le conducteur, driver
  conduire, to drive [see Verb Tables]
la conduite, driving
  confier, to confide, to entrust
la confiserie, confectioner's shop
le congélateur, deep-freeze cabinet
  congélé(e), frozen (of food)
la connaissance, knowledge
  connaître, to know [see Vb. Tables]
    se — en, to know about
  consacrer, to devote
le conseil, advice
  conserver, to keep
  consommation, la société de —, consumer society
  constater, to state

construire, faire —, to have built [like *conduire*]
contempler, to look at
contenir, to contain [like *venir*]
contre, against
  ci- —, opposite
le contrebandier, smuggler
le contrôleur, ticket collector
  convaincre, to convince [like *vaincre*]
  convenable, suitable
  convenir, to be suitable, to suit [like *venir*]
le copain, pal, friend
  corriger, to correct
la côte, coast
  à —s, ribbed
le côté, side
  à — de, next to, beside
se coucher, to go to bed
  coudre, to sew
  couler, to flow, to run
le coup, blow, bang, knock, shot
  un — d'œil, glance, peep
  jeter un — d'œil, to glance
  le — de téléphone, telephone call
  couper, to cut (off)
la coupole, dome
la cour, courtyard, playground
  courant, être au —, to be in the know
    mettre au —, to acquaint with the facts
  le — d'air, draught
  courir, to run [see Verb Tables]
  couronner, to crown
la course, race
  courses, *f*, **faire ses —,** to do one's shopping
  court(e), short
  courtois(e), courteous
le coût, cost
  coûter, to cost
la couverture, blanket
  couvrir, to cover
  craindre, to be afraid, to fear [see Verb Tables]
la cravate, tie
la crémaillère, cogwheel
le cresson, cress
  crever, to burst
  cri, le dernier —, the last word
la crise, crisis
  croire, to think, to believe [see Verb Tables]
le croisement, crossroads
  croissant, aller toujours —, to continue to grow
la Croix-Rouge, Red Cross
le croquis, sketch
  cueillir, to pick
la cuiller, spoon
la cuillerée, spoonful
le cuir, leather

le cuisinier, cook
la cuisinière, cook, cooker
  la — à gaz, gas cooker
  cuit(e), cooked
le cuivre, copper, brass
le cultivateur, farmer, grower
le cyclomoteur, moped
le cynisme, cynicism
le cyprès, cypress tree

d

un(e) dactylo, typist
  davantage, more
se débarrasser de, to get rid of
  déborder, to overflow
  débrayer, to declutch
les débris, *m*, rubbish
se débrouiller, to manage
le début, beginning
le débutant, beginner
  décerner, to award
  décharger, to unload [like *manger*]
se déclencher, to start up
  décoller, to take off
le décor, decoration
  découper, to cut out
  décrire, to describe [like *écrire*]
  décrocher, to lift (receiver)
  déçu(e), disappointed
  défaire, to unwrap
  défectueux; —ueuse, defective
  défendre, to forbid
le défilé, procession, parade
  défoncé(e), dented
  dégoûté(e), disgusted
  déguster, to taste, sample
(au) dehors, outside
  déjà, already
au delà de, beyond
  demain, tomorrow
la demande, request
  démarrer, to start
le démarreur, starter
  déménager, to move (house) [like *manger*]
  démolir, to demolish
  démontable, collapsible
  dépanner, to fix, mend, help out
  dépasser, to overtake
se dépêcher, to hurry
  dépenser, to spend
  depuis, for, since
  déranger, to disturb [like *manger*]
  dernier; dernière, last, latest
    le — cri, the last word
se déshabiller, to undress
  désespéré(e), desperate
le désespoir, despair
  désolé(e), distressed
le désordre, untidiness, mess
  desserrer, to unscrew
    — le frein, to take off the brake
le dessin, drawing
  dessiner, to draw, to design
  ci-dessous, below

d–e

le dessus de lit, bedspread
    au- — de, above
    par- —, over
détruire, to destroy
devenir, to become [like *venir*]
deviner, to guess
devoir, to have to (must) [see Verb Tables]
la diététique, dietetics
digne de foi, reliable
le dindon, turkey
dire, to say, to tell [see Verb Tables]
    pour ne pas — plus, to say the least
le directeur, manager, director
la direction, steering
la directrice, manager, director (female)
diriger, to direct, to manage [like *manger*]
    se — vers, to go towards
discours, prononcer un —, to make a speech
discuter, to discuss
disparaître, to disappear [like *connaître*]
le dispensaire, dispensary
disponible, available
disposé(e), inclined
disposer de, to have at one's disposal
à sa disposition, at one's disposal
se disputer, to argue, to quarrel
dissoudre, to dissolve
les distractions, *f*, amusements
distraire, to entertain
    se —, to relax, to amuse oneself
distrait(e), absent-minded
divers(e), different
divertissant(e), entertaining
diviser, to divide
le doigt, finger
    être à deux —s de, to be on the point of
le domaine, domain, field, sphere
un(e) domestique, servant
le domicile, address
dominer, to dominate, to overlook
donc, then, therefore
donner, to give
    — à manger à, to feed
    — sur, to overlook
doré(e), golden
dormir, to sleep [see Verb Tables]
le dortoir, dormitory
le dos, back
la douane, customs
le douanier, customs officer
doucement, quietly, gently
la douche, shower
doux; douce, gentle, sweet
le drap, sheet
le drapeau, flag
dresser, to set up
    — une liste, to make a list

la droguerie, drug-store
le droit, right, law
    les —s, duty
    avoir le — de, to be entitled to
    tout —, straight (on)
    les —s d'inscription, enrolment fee
à droite, on the right
la durée, duration
durer, to last

e

l'eau, *f*, water
échanger, to exchange [like *manger*]
s'échapper, to escape
une échelle, *f*, ladder
échoué(e), stranded
un éclair, flash of lightning
éclairer, to light
une écluse, canal, lock
économies, *f*, **faire des —,** to save
un écran, screen
écraser, to crush, to mash
    (s') —, to crash
s'écrier, to exclaim
écrire, to write [see Verb Tables]
un écrivain, writer
un écrou, bolt
une écurie, stable
un édifice, building
effectuer, to carry out
en effet, in effect, really
effondrer, to break down
égal, ça m'est —, it's all the same to me
également, also, equally
égaler, to equal
s'égarer, to lose one's way
une église, church
un égouttoir, draining board
s'élancer, to rush, to dash [like *commencer*]
un électrophone, record player
élevé(e), high, steep
(s')élever, to rise [like *acheter*]
emballer, to pack, to wrap up
embarquer, to take on board
embarras, tirer d'—, to help out
embaucher, to engage, to take on
embêtant(e), annoying
un embouteillage, traffic jam
embrasser, to kiss
l'embrayage, *m*, clutch
embrayer, to let in the clutch
émietter, to crumble
une émission, programme
emmener, to take [like *acheter*]
empêcher, to prevent
un emploi, job
un employé, worker, official, clerk
emprunter, to borrow
enchanté(e), delighted
encombré(e), crowded

s'endormir, to fall asleep
un endroit, place
énervé(e), on edge
s'énerver, to become irritable
enfoncer un clou, to knock in a nail
s'enfuir, to flee [see Verb Tables]
l'enlèvement, *m*, kidnapping
enlever, to take off [like *acheter*]
l'ennui, *m*, annoyance, boredom
    les —s financiers, financial worries
s'ennuyer, to be bored [like *essayer*]
ennuyeux; ennuyeuse, boring
une enquête, inquiry, investigation
un enquêteur, investigator
s'enrhumer, to catch a cold
l'enseignement, *m*, education
un ensemble pantalon, trouser suit
ensuite, then, next
entendre, to hear
    c'est entendu?, is it agreed?
s'enthousiasmer (pour), to enthuse (about)
entourer, to surround
entre, between
l'entrée principale, *f*, front door
entreprenant(e), enterprising
entreprendre, to undertake
une entreprise, business
entretenir, to service
    s'— avec, to talk with
un entretien, chat, conversation
envers, towards
envie, avoir — de, to want to, to wish to
environ, about
les environs, *m*, surrounding district
s'envoler, to take off
envoyer, to send [see Verb Tables]
épaissir, to thicken
une épaule, shoulder
une épicerie, grocer's shop
un épicier, grocer
éplucher, to peel
en éponge, (made of) towelling
une époque, era, age
épousseter, to dust
épouvantable, terrible, frightful
une épreuve, test
éprouver, to experience
épuisé(e), exhausted, worn out
équilibré(e), balanced
une équipe, team
équipé(e), equipped
errer, to wander
l'escalier, *m*, stairs, staircase
    un — roulant, escalator
une espadrille, canvas shoe
espérer, to hope [see Verb Tables]
esquisser, to sketch
essai, le pilote d'—, test pilot
essayer de, to try to
l'essence, *f*, petrol
    faire le plein d'—, to fill up with petrol

141

e–g

une essoreuse, spin dryer
essuyer, to wipe
l'estomac, *m*, stomach
une étable, cowshed
établir, to establish, to set up
étage, au premier —, on the first floor
un étalage, stall
s'étaler, to stretch
une étape, stage
l'état, *m*, state, condition
mettre en —, to put right
les Etats-Unis, *m*, the United States
l'été, *m*, summer
éteindre, to put out (fire) [like *craindre*]
(s')étendre, to extend, to stretch (out)
une étiquette, label
une étoile, star
étonné(e), astonished
étourdi(e), amazed
étrange, strange
un étranger, foreigner
à l'—, abroad
être, to be [see Verb Tables]
— assis(e), to be sitting
— de retour, to be back
— en train de, to be (busy) doing
un être, being, creature
les études, *f*, studies
un événement, event
évidemment, evidently, obviously
évident(e), obvious, evident
un évier, sink
exagéré(e), excessive (of price)
examen, passer un —, to sit an examination
exécrer, to loathe
exiger, to demand, to require
une expérience, experiment
expérimenté(e), experienced
expliquer, to explain
exprimer, to express

f

la fabrique, factory
fabriquer, to construct, to make
en face (de), opposite
fâché(e), annoyed
se fâcher, to become angry
la façon, way, method, manner
le facteur, postman
la Faculté des Lettres, Faculty of Arts
le fainéant, layabout
faire, to do, to make [see Verb Tables]
— attention, to be careful
— des commissions, *f*, to run errands
— ses courses, *f*, to do one's shopping
— du mal (à), to harm
— de même, to do the same
— de son mieux, to do one's best
— observer, to remark
— le plein d'essence, to fill up with petrol
— de la politique, to take up politics
— une promenade, to go for a walk
— sensation, to cause a sensation
— la vaisselle, to do the washing up
ne t'en fais pas, don't worry
le fait, fact
la falaise, cliff
falloir, to be necessary [see Verb Tables]
il faut, it is necessary (to)
pas fameux, not too good
familial(e), family
la farce, practical joke
la farine, flour
la — de maïs, cornflour
la fatigue, tiredness
se fatiguer, to tire oneself
fauché(e), broke
faute de, for lack of
le fauteuil, armchair
faux; fausse, false
la femme de ménage, cleaning woman
le fer à repasser, iron
le chemin de fer, railway
fermer à clef, to lock
la fête folklorique, festival of folk music
la Salle des Fêtes, public hall
le feu d'artifice, firework (display)
à feu doux, gently (of cooking)
le feuillage, foliage
le feuilleton, serial
les feux, *m*, traffic lights
la fiche, form
se fier à, to rely on
fier; fière, proud
la fierté, pride
le fil, wire
la télégraphie sans —, wireless telegraphy
la file, line
filer, to travel (in a vehicle), to run along
le filet, string bag
fixe, fixed, permanent
la flamme, flame, pennant
le fleuve, river
le foin, hay
la fois, time
à la —, at the same time
la folie, craze
foncé(e), dark
le fonctionnement, working
le fond, bottom
au — de, at the back of
fonder, to found, to establish

formidable, fine, magnificent
le fossé, ditch, moat
fou; folle, mad
fouiller, to search
le foulard, scarf
la foule, crowd
fournir, to provide
fourré(e), fur
frais; fraîche, fresh
aux frais de, at the expense of
la fraise, strawberry
frappant(e), striking
le frein, brake
frémir, to tremble
frôler, to brush against
(se) frotter les yeux, to rub one's eyes
fuir, to flee [like *s'enfuir*]
la fuite, flight
la fumée, smoke
le fumeur, smoker
au fur et à mesure, as fast as you receive it

g

gâcher, to spoil
gagner, to win, to earn
Galles, le Pays de —, Wales
le gamin, urchin
la gamme, range
le gant, glove
le garde-manger, pantry
garder, to keep, to look after
le gardien, warden
la gare, station
gâter, to spoil
gazon, tondre le —, to mow the lawn
le géant, giant
en général, usually
le genre, kind, sort
les gens, *m*, people
gentil(le), kind
le gérant, manager
le geste, movement
le gilet, waistcoat
gitan(e), gypsy
la glace, ice
baisser la —, to lower the window
(se) gonfler, to inflate
la gorge, throat
goûter, to taste
les goûts, *m*, interests
la goutte, drop
grâce à, thanks to
la Grande-Bretagne, Great Britain
grandir, to grow
la grange, barn
(se) gratter, to scratch
gratuit, le spécimen —, free sample
grave, serious
gré, à son —, as one would wish
le grenier, attic

g–l

grignoter, to nibble
le grille-pain, toaster
grimper, to climb
grincer, to grate, to grind
grossir, to grow fat
la grotte, cave
la guêpe, wasp
la guerre, war
guetter, to watch

h

s'habiller, to dress
un habitant, inhabitant
habiter, to live (in)
d'habitude, usually
    comme d'—, as usual
    avoir l'— de, to be in the habit of (used to)
haïr, to hate
le hameau, hamlet
le haricot, bean
haut(e), high
la hauteur, height
hebdomadaire, weekly
un hectare, hectare (10,000 square metres)
l'herbe, *f*, grass
hériter, to inherit
les heures d'affluence, rush hour
heureux; heureuse, happy
heureusement, fortunately
heurter, to bump into
hier, yesterday
hippique, le club —, riding centre
un hippodrome, race track
l'hiver, *m*, winter
    en —, in winter
un homme d'affaires, businessman
un horaire, timetable
l'horloge (parlante), (speaking) clock
hors de, out(side) of
un hôtel de ville, city hall
l'hôtellerie, *f*, hotel trade
la hotte, hood
la houille blanche, hydro-electric power
huer, to barrack
l'huile, *f*, oil
huileux; huileuse, oily
humeur, de mauvaise —, in a bad temper
hurler, to howl

i

ignorer, not to know
un immeuble, block of flats
immobilière, une agence —, estate agents
un imperméable, raincoat
n'importe, no matter
imprévu(e), unforeseen
imprimer, to print
l'imprudence, *f*, foolishness
l'impuissance, *f*, inability
inattendu(e), unexpected
un incendie, fire
inciter, to prompt
incliner, to tilt
inconnu(e), unknown
incontestable, indisputable
un inconvénient, disadvantage
incroyable, unbelievable
indécis(e), uncertain, undecided
indéfinissable, indefinable
indescriptible, indescribable
indiquer, to inform
un ingénieur, engineer
ingurgiter, to swallow
une injure, insult
inonder, to flood
inquiet; inquiète, anxious
l'inquiétude, *f*, anxiety
inscription, *f*, **les droits,** *m*, **d'—,** enrolment fee
s'inscrire, to enrol
insérer, to insert [like *espérer*]
insouciant(e), carefree
installer, to fix (up)
    s'—, to settle, to sit (down)
intention, avoir l'— (de), to intend (to)
interdire, to prohibit [like *dire*]
s'intéresser à, to be interested in
interroger, to question [like *manger*]
interrompre, to interrupt
introduire, to introduce [like *conduire*]
inutile, useless
un Irlandais, Irishman
irrité(e), annoyed
isolé(e), isolated
un itinéraire, itinerary

j

jamais, ever
    ne... —, never
la jambe, leg
le jambon, ham
le Jardin des Plantes, Botanical Gardens (and Zoo)
le jaune d'œuf, egg yolk
jeter, to throw
    — un coup d'œil, to glance
le jeton, token
jeunes, la Maison des —, youth centre
la jeunesse, youth
    une Auberge de la —, youth hostel
joindre, to contact
le jouet, toy
jouir de, to enjoy
le journal, newspaper
joyeux; joyeuse, merry
les jumeaux, twins
la jupe, skirt
jusqu'à, until, as far as

k

klaxonner, to sound the horn

l

là-bas, over there
la laine, wool
laisser, to leave, to let, to allow
    — tomber, to drop
le lait, milk
la laiterie, dairy
la laitue, lettuce
les lainages, *m*, woollens, tapestries
la lampe, light
    la —-tempête, storm lantern
lancer, to throw [like *commencer*]
la langue, language
large, wide
en larmes, in tears
le lavabo, washbasin
le lavage, washing
la laverie, launderette
un lave-vaisselle, dish-washer
léger; légère, light
les légumes, *m*, vegetables
le lendemain, the next day
la lessive, faire la —, to do the washing
la lettre recommandée, registered letter
lever, to lift, to raise [like *acheter*]
    se —, to get up, to stand up
    le — du soleil, sunrise
la lèvre, lip, edge
la librairie, bookshop, bookstall
le lieu, place
    avoir —, to take place
le lièvre, hare
le lin, linen
le linge, linen
    blanchir le —, to do the washing
lire, to read [see Verb Tables]
la livraison, delivery
une livre, 500 grammes (approx. 1 lb)
livrer, to deliver
le livreur, delivery man
le locataire, tenant
la loge, (caretaker's) room
le logement, housing, accommodation
loger, to lodge, to live [like *manger*]
loin (de), far, a long way (from)
le loisir, leisure
le long de, along
lorsque, when
louer, to hire, to praise
    à —, 'to let'
lourd(e), heavy
loutre, la casquette de —, otter-skin cap
le loyer, rent
la luge, toboggan

143

l–p

la lumière, light
lunaire, lunar
la lutte, struggle
de luxe, luxurious
luxueux; luxueuse, luxurious
le lycée, high school, grammar school

m

le magnétophone, tape recorder
la main, hand
maintenant, now
la mairie, Town Hall
la Maison des Jeunes, youth centre
le maître criminel, master criminal
mal, badly
  avoir du — (à), to have difficulty (in)
  faire du — (à), to harm
  se sentir —, to feel ill
  pas — de, quite a few
  le — de mer, seasickness
malade, ill
maladroit(e), clumsy
malgré, in spite of
malheureux; malheureuse, unhappy
malheureusement, unfortunately
la Manche, English Channel
la manière, way
la manipulation, handling
manquer, to miss
le manteau, overcoat (lady's)
le manuel de classe, textbook
le marbre, marble
le marchand des quatre saisons, street trader
marchander, to haggle
les marchandises, f, goods
la marche, step
marcher, to walk, to work
le marin, sailor
la marque, make (of car)
marre, j'en ai —, I'm fed up with it
le marteau, hammer
le massif, flower bed
mauvais(e), bad
  de —e mine, sinister (looking)
le mécanicien, mechanic
le médecin, doctor
le médicament, medicine
les méfaits, m, misdeeds
se méfier de, to beware of
(le) meilleur(e), better, best
le mélange, mixture
  mêler, to mix
  même, same
    quand —, even so
    faire de —, to do the same
    tout de —, all the same
menacer, to threaten [like *commencer*]
le ménage, household
  la femme de —, cleaning woman
  faire le —, to do the housework

la ménagère, housewife
ménager; ménagère, household
  un appareil —, household appliance
le mensonge, lie
mériter, to deserve
à merveille, marvellously
météorologiques, les prévisions —, weather forecast
le métier, profession, trade
le mètre-ruban, steel tape
la métropole, metropolis
le metteur en scène, film director
mettre, to put [see Verb Tables]
  — le contact, to switch on
  — au courant, to acquaint with the facts
  — au point, to perfect
  — en état, to put right
  se — en rapport avec, to get in touch with
  se — en route, to set off
  se — au travail, to start work
meubler, to furnish
les meubles, m, furniture
le Midi de la France, the South of France
(le) mieux, better, best
  il vaut —, it is better
un(e) mignon(ne), pet, darling
le milieu, social sphere
des milliers (de), thousands (of)
(à) mi-temps, half time
la mode, fashion
  à la —, in fashion
  moins, au —, at least
  du —, at least
la moisson, harvest
  faire la —, to harvest
la moitié, half
mondial(e), worldwide
la montre, watch
se moquer de, to make fun of
moqueur; moqueuse, mocking
mort(e), dead
le mot, word
le moteur, engine
la moto, motorcycle
le mouchoir, handkerchief
le moulin, mill
moyen(ne), average
le(s) moyen(s), means
le mur, wall
la muraille, wall
murer, to wall in
le musée, museum

n

la naissance, birth
la nappe, tablecloth
le néant, obscurity
négliger, to neglect
le négociant, wine merchant

nerveux; nerveuse, excitable, highly strung
net(te), clear
nettement, sharply
le nettoyage, cleaning
nettoyer, to clean
neuf; neuve, new
le niveau, level
la noix, nut
le nombre, number
nombreux; nombreuse, numerous
le nord, north
normand(e), Norman
notamment, especially
nourrir, to feed
nourrissant(e), nourishing
la nourriture, food
la nouvelle, news
nu(e), bare
nuageux, cloudy
le numéro, number, edition

o

obscurcir, to darken
observer, faire —, to remark
une occasion, chance, bargain
occasionner, to call for
s'occuper de, to attend to, to be concerned with
une odeur, smell
odieux; odieuse, hateful
un oeil, eye
  un coup d'—, glance, peep
un olivier, olive tree
une ombre, shadow
  opinion, le sondage d'—, opinion poll
or, now
un orage, storm
un ordinateur, computer
une oreille, ear
un oreiller, pillow
l'orthographe, f, spelling
oser, to dare
ôter, to take off
l'ouate, f, cotton wool
oublier, to forget
un ours, bear
un outil, tool
  la boîte à —s, tool-box
en outre, furthermore
l'ouverture, f, opening
ouvrir, to open [see Verb Tables]
un ouvrier, worker (male)

p

le pain (bis), (wholemeal) bread
  le petit —, bread roll
paisible, peaceful
le palais de justice, law court
le paletot, greatcoat

144

p–q

le palier, landing
en panne, broken (down)
    tomber en —, to break down
le panorama, view
le pansement, dressing, bandage
la pantoufle, slipper
le papillon, handbill, butterfly
  le — de nuit, moth
le paquet, parcel, packet
  paraître, to appear
le parapluie, umbrella
  parcourir, to travel [like *courir*]
le parcours, trip
le pardessus, overcoat (man's)
le pare-brise, windscreen
  paresseux; paresseuse, lazy
la parfumerie, perfumery
  parmi, among
la parole, word
  partiel, à temps —, part-time
  part, prendre — à, to take part in
  partir, to leave [like *sortir*]
  partout, everywhere
le passage à niveau, level crossing
un passant, passer-by
  passer un examen, to sit an examination
  se passer, to happen
le passetemps, hobby
  passionnant(e), exciting
  se passionner pour, to be mad about
  patiemment, patiently
la patinoire, skating-rink
le patron, boss
la paume, palm
le pavé, paving stone
le pays, country
le paysage, landscape
le paysan, peasant
la pêche, fishing
  pêcher, to fish
  se peigner, to comb one's hair
  peindre, to paint [like *craindre*]
la peine, difficulty, trouble
  à —, scarcely, hardly
  à grand- —, with great difficulty
  ça vaut la — (de), it's worthwhile
la peinture, paint, painting
la pelle à poussière, dustpan
  se pencher, to lean
  pendant, during
  — que, while
  pendre, to hang
  pénétrer, to enter [like *espérer*]
  pénible, painful
la péniche, barge
la pension, boarding house
la pente, slope
  percer, to knock out
la perceuse, drill
  perdre son chemin, to lose one's way
la perle de bois, wooden bead
  permettre, to allow [like *mettre*]

le permis de conduire, driving licence
la perruque, wig
le persil, parsley
le personnel, staff, servants
le pétrole, paraffin
  la plaine à —, oilfield
  peur, avoir —, to be afraid
  peut-être, perhaps
le phare, head-lamp
la pharmacie, dispensing chemist's shop
le pharmacien, pharmacist, chemist
à pic, steep
la pièce, room
à pied, on foot
la pierre tombale, tombstone
le piéton, pedestrian
le pilote d'essai, test pilot
le pionnier, pioneer
  piquer, to sting
la piscine, swimming pool
la piste, ski-run, race-track
  pittoresque, picturesque
le placard, cupboard
  se plaindre, to complain [like *craindre*]
la plaine à pétrole, oilfield
  plaire (à), to please [see Verb Tables]
  plaisance, le port de —, yacht marina
la plaisanterie, joke
le plancher, floor
le plat, dish
  plein(e) (de), full (of)
    faire le plein d'essence, to fill up with petrol
  pleurer, to cry
  pleuvoir, to rain [see Verb Tables]
le plongeoir, diving-board
le plongeur, washer-up
la plupart des ..., most of ...
  plusieurs, several
  plutôt, rather, more
le pneu, tyre
la poche, pocket
le poids lourd, heavy lorry
la poignée, handful
le poissonnier, fishmonger
  politique, faire de la —, to engage in politics
  polycopier, to duplicate
la pompe, pump
le pompiste, petrol pump attendant
le pont, bridge
le port de plaisance, yacht marina
la portée, range
le porte-monnaie, purse
la portière, door
la pose, inactivity
  posséder, to possess [like *espérer*]
la possibilité, opportunity, chance
le poste, set
le pot d'échappement, silencer
la potion, mixture

la poubelle, dustbin
la poule, hen
le pourboire, tip
  pourtant, however
  pourvu que, provided that
  pousser, to push
la poussière, dust
  pouvoir, to be able (can) [see Verb Tables]
  pratiquer, to indulge in
le pré, meadow
  préciser, to state
les précisions, *f*, precise details
  prendre, to take [see Verb Tables]
    — au sérieux, to take seriously
    — feu, to catch fire
les préparatifs, *m*, preparations
  prépondérant(e), predominant
de près, closely
le prestidigitateur, conjurer
  prétendre, to claim
  prêter, to lend
  prévenir, to warn [like *venir*]
la Prévention routière = accident prevention organisation
les prévisions météorologiques, *f*, weather forecast
  prévoir, to provide
  primé(e), prize
le printemps, spring
  au —, in spring
  priver, to deprive
le procédé, process
  prochain(e), next
  prochainement, shortly
  procurer, to obtain
  se produire, to occur [like *conduire*]
le produit, product, produce
le projet, plan
  prononcer un discours, to make a speech [like *commencer*]
à propos de, concerning
  propre, own, clean
la propreté, cleanliness
le propriétaire, owner, proprietor
  provoquer, to cause
  prudence, avec —, carefully
  prudent(e), cautious
la Prusse, Prussia
le Prussien, Prussian
  puiser, to draw (water)
  puisque, since
le puits, well
le pyromane, pyromaniac

q

  quand même, however, even so, nevertheless
  quant à, as for
le quartier, district
  quelquefois, sometimes
  quelqu'un, someone
une quinzaine, fortnight
  quitter, to leave

r

le rabot, plane
    raboter, to plane
    raccrocher, to hang up, put down
    raconter, to tell
le radiateur soufflant, fan heater
le radis, radish
    rafraîchir, to cool
    ralentir, to slow down
    ramasser, to pick up
    ranger, to park [like *manger*]
    se rappeler, to remember [like *appeler*]
    rapport, par — à, in relation to
        se mettre en — avec, to get in touch with
    rapporter, to bring back
se raser, to shave
le rasoir, razor
    rassurer, to reassure
    rater, to fail
le ravissement, delight
    rayé(e), striped
le rayon, department
    à rayures, striped
    réaliser, to fulfil
la recette, recipe
    recevoir, to receive [see Vb. Tables]
la récompense, reward
    reconnaissant(e), grateful
    reconnaître, to recognise [like *connaître*]
    récupérer, to recover [like *espérer*]
    rédiger, to draw up, to write out [like *manger*]
    redoutable, dangerous, formidable
    réfléchir, to think
    réglé(e), decided
    régler, to adjust [like *espérer*]
    rejoindre, to meet [like *craindre*]
    remarquer, to notice
    rembourser, to refund
    remettre, to put back, to take back, to hand over [like *mettre*]
        — à neuf, to restore
        je m'en remets à vous, I leave it to you
    remonter, to go up (again)
la remontée mécanique, ski-lift
    remplacer, to replace [like *commencer*]
    remplir, to fill
    remuer, to stir
    rendre, to make
        — visite à, to visit
        se — à, to visit
les renseignements, *m*, information
    renseigner, to inform
        se — sur, to enquire about
    rentrer dans, to crash into
    renvoyer, to send back, to dismiss [like *envoyer*]
    répandre, to spread
    repartir, to set off again [like *sortir*]

(se) répartir, to share (out), to divide [like *sortir*]
la réponse, reply
le repos, rest
    se reposer, to rest
    reprendre, to resume [like *prendre*]
la requête, request
le ressort, spring, coil
    restreint(e), restricted
    retaper, to do up
    retenir, to book, to reserve, to keep [like *venir*]
    retour, être de —, to be back
    retourner, to return
        se —, to turn round
en retraite, retired
    retrouver, to meet
le rétroviseur, driving mirror
    réussir (à), to succeed (in)
en revanche, on the other hand
le rêve, dream
les revenus, *m*, income
    rêver, to dream
le réverbère, street lamp
le rez-de-chaussée, ground-floor
    rien que pour, if only for
    rire, to laugh [see Verb Tables]
les rires, *m*, laughter
le rocher, rock
    rocheux; rocheuse, rocky
le rond, ring
    ronger, to gnaw [like *manger*]
le rouge à lèvres, lipstick
    rougir, to blush, to turn red
    rouler, to drive (along)
    route, le code de la —, Highway Code
    roux; rousse, red (of hair)
le Royaume-Uni, United Kingdom
    rythmé(e), rhythmic

s

le sable, sand
    saccadé(e), jerky
    sain(e), healthy
        sain et sauf, safe and sound
le saisissement, excitement
    saler, to salt
    salir, to dirty
    salutaire, salutary
la santé, health
    satisfait(e), satisfied
    sauf, except
    sauter, to jump, to blow up
    savoir, to know [see Verb Tables]
le savon, soap
    savourer, to enjoy
la scie, saw
    scier, to saw
la séance, performance
    sec; sèche, dry
le sèche-cheveux, hair dryer
    sécher le linge, to dry the washing

    au secours! help!
    séduisant(e), charming
le séjour, stay
le sel, salt
    semblable, similar
    semblant, faire — de, to pretend to
    sensation, faire —, to cause a sensation
    se sentir (mal), to feel (ill) [like *sortir*]
    sentir l'alcool, to smell of drink
    sérieux; sérieuse, serious
        prendre au sérieux, to take seriously
    serrer, to screw
        — la droite, to keep to the right
la serviette, napkin, towel, briefcase
    se servir de, to use [like *sortir*]
le seuil, threshold, doorstep
le siècle, century
le siège arrière, back seat, pillion
le sifflet, whistle
le sinistre, disaster
    sinon, otherwise
le sirop contre la toux, cough medicine
le slip de bain, swimming trunks
la soie, silk
la soif, thirst
    soleil, le lever du —, sunrise
    solliciter, to apply for
    soluble, le café —, instant coffee
    sombrer, to sink
la somme, sum
le sommeil, sleep
le sommet, top
le sondage d'opinion, opinion poll
    songer, to dream [like *manger*]
de sorte que, so that
le souci, worry
la soucoupe, saucer
    souffler, to blow
    souhaitable, desirable
    soulever, to lift [like *acheter*]
    soumettre, to submit [like *mettre*]
    soupçonner, to suspect
la source, spring
    sourd(e), deaf
    sourire, to smile [like *rire*]
le sous-sol, basement
    se souvenir, to remember [like *venir*]
le sparadrap, sticking-plaster
le spécimen gratuit, free sample
la spéléologie, caving
le stagiaire, course member, student
la standardiste, telephonist
le starter, choke
la station, resort
en stationnement, parked
    stationner, to park
    subir, to undergo
    suédois(e), Swedish
    suffisamment, sufficiently
    suggérer, to suggest [like *espérer*]
la suite, continuation
    par la —, thereafter